AS **IDEIAS** E OS **FATOS**

FUNDAÇÃO EDITORA DA UNESP

PRESIDENTE DO CONSELHO CURADOR
Mário Sérgio Vasconcelos

DIRETOR-PRESIDENTE
Jézio Hernani Bomfim Gutierre

SUPERINTENDENTE ADMINISTRATIVO E FINANCEIRO
William de Souza Agostinho

CONSELHO EDITORIAL ACADÊMICO
Carlos Magno Castelo Branco Fortaleza
Henrique Nunes de Oliveira
João Francisco Galera Monico
João Luís Cardoso Tápias Ceccantini
José Leonardo do Nascimento
Lourenço Chacon Jurado Filho
Paula da Cruz Landim
Rogério Rosenfeld
Rosa Maria Feiteiro Cavalari

EDITORES-ADJUNTOS
Anderson Nobara
Leandro Rodrigues

FREDERICO MAZZUCCHELLI

AS **IDEIAS** E OS **FATOS**
ENSAIOS EM TEORIA E HISTÓRIA

editora
unesp

© 2017 Editora Unesp

Direitos de publicação reservados à:
Fundação Editora da Unesp (FEU)
Praça da Sé, 108
01001-900 – São Paulo – SP
Tel.: (0xx11) 3242-7171
Fax: (0xx11) 3242-7172
www.editoraunesp.com.br
www.livrariaunesp.com.br
feu@editora.unesp.br

Dados Internacionais de Catalogação na Publicação (CIP)
Vagner Rodolfo CRB-8/9410

M477i

Mazzucchelli, Frederico
  As ideias e os fatos: ensaios em teoria e história / Frederico Mazzucchelli.
São Paulo: Editora Unesp, 2017.

  Inclui bibliografia.
  ISBN 978-85-393-0690-9

  1. História. 2. Teoria da história. 3. Economia. I. Título.

2017-384 CDD: 910
  CDU: 94

Editora afiliada:

Para Luiz Gonzaga de Mello Belluzzo

SUMÁRIO

Apresentação 9

TEORIA

1. O pioneirismo de Adam Smith 15
2. A partir de Karl Marx 27
3. Senior, Jevons e Walras: a construção da ortodoxia econômica 33
4. Economia Política 49
5. Maria da Conceição Tavares e o pensamento econômico 59

HISTÓRIA

6. Nem sempre foi assim... 77
7. A desorganização dos anos 1970 105
8. A crise atual em uma perspectiva histórica: 1929 e 2008 131
9. Uma nova estruturação do capitalismo mundial? 139
10. A Grande Depressão dos anos 1930 e a crise atual: contrapontos e reflexões 155
11. Francisco em Santa Cruz de la Sierra 193

Referências 209

APRESENTAÇÃO

O conjunto de textos ora reunidos exprime uma convicção partilhada por muitos pesquisadores que, desde os anos 1970, desenvolveram seus estudos e suas atividades acadêmicas no Instituto de Economia da Universidade Estadual de Campinas: a impossibilidade de isolar a reflexão teórica da reflexão histórica. A teoria sem a História – entendida, aqui, como a arena onde se processam a vida e as contradições do mundo real – corre o risco de se reduzir a uma coletânea de causas e determinações gerais, vazias de conteúdo. A análise histórica, por sua parte, quando desamparada de uma visão teórica estruturante, tende a circunscrever-se a uma descrição meramente pontual e limitada dos fenômenos.

A teoria apresenta suas especificidades, é certo, mas a História é o seu suposto. Foi necessária, por exemplo, a violência da crise de 1929-1933, para que com ela ruísse o imponente edifício da construção ortodoxa. A certeira percepção de John Keynes e as contribuições de Michal Kalecki esclareceram dimensões centrais da realidade capitalista. A demonstração do caráter determinante do gasto (princípio da demanda efetiva), a constatação da natureza intrinsecamente instável do investimento privado, a necessidade de impor limites à circulação internacional dos capitais e o imperativo da ação do Estado na promoção do crescimento e do bem-estar social converteram-se em referências que passaram a orientar a extraordinária expansão das economias capitalistas no pós-guerra.

Por sua vez, os percalços dos anos 1970 – inflexão das taxas de acumulação, erosão do padrão monetário internacional, inflação, recessão, desemprego, acirramento da concorrência intercapitalista, esgarçamento das normas de coesão social, exacerbação das disputas trabalhistas etc. – criaram o ambiente propício para o renascimento dos princípios liberais na reflexão teórica e na prática da política econômica. Essa reorientação conservadora correspondeu a uma profunda transformação das condições sociais e políticas nos países capitalistas: o tempo das finanças desregulamentadas foi o tempo das recorrentes crises e da perceptível degradação da qualidade de vida no próprio centro avançado do capitalismo mundial (basta observar a impressionante piora na distribuição de renda nos Estados Unidos a partir de 1980).

A violência da crise de 2007-2008 evidenciou a fragilidade das concepções teóricas fundadas no paradigma da autorregulação dos mercados. Uma crise cujos efeitos práticos ainda persistem no tempo. Suas implicações na reflexão e na prática econômica deveriam ser notórias: é palmar a necessidade de reintroduzir normas de regulação e controle no que concerne ao mundo das finanças, sobretudo após as assombrosas inovações financeiras que se multiplicaram nas últimas décadas. A questão, contudo, não é propriamente teórica ou técnica: as finanças exercem uma dominação implacável sobre as universidades, a mídia, os organismos internacionais, os bancos centrais, os partidos políticos e o próprio ambiente dos negócios, de sorte que qualquer tentativa de disciplinar seu livre funcionamento esbarra em dificuldades quase intransponíveis.

Em um discurso memorável proferido na Universidade de Varsóvia em 1964, Kalecki estabeleceu uma distinção brilhante e definitiva entre "a experiência individual" e o "processo da economia [capitalista] como um todo" (in Miglioli, 1980, p.39). Trata-se de um discurso notável, cuja única ressalva é o título: "Por que a Economia ainda não é uma ciência exata?". A Economia nunca foi – e nunca será – uma ciência. Muito menos uma ciência exata. A reflexão econômica está banhada e condicionada pela História e pela política. É uma ilusão walrasiana perquirir sobre as possibilidades de uma teoria ou de uma Economia Política *pura*. O que existe, tão somente, é a possibilidade de identificar as conexões internas e as tendências gerais de estruturação e movimento do capitalismo (Marx e Schumpeter) ou de estabelecer princípios de determinação e definir normas de comportamento quanto à posse da riqueza, que afetam a marcha real da economia (Keynes e Kalecki).

A reflexão histórica, do mesmo modo, deve ter a teoria como seu suposto. A visão de mundo dos grandes pensadores da Economia e da sociedade deve ser o amálgama que une os fragmentos que compõem o mosaico da realidade. Não é necessário (antes, é desaconselhável) que, a cada instante, façam-se remissões exegéticas aos grandes autores que iluminaram a compreensão do capitalismo. Eles devem ser os guias ocultos que orientam o esforço de análise das situações concretas. A História apresenta também suas especificidades, mas ela – reversivamente – deve ter a teoria como seu suposto. Desgarrada da reflexão dos grandes pensadores do capitalismo, a análise histórica está fadada ao empobrecimento. Seu alcance torna-se limitado, convertendo-se unicamente na coleção organizada de fatos e feitos. Essa coleção é, sem dúvida, imprescindível, mas deve ser precedida por uma visão mais ampla da realidade e pela definição apropriada das questões que deverão ser respondidas.

O professor Fernando A. Novais (2005, p.348) – certamente um dos mais brilhantes historiadores brasileiros – reproduz, em saborosa entrevista, as palavras do professor Eduardo d'Oliveira França a respeito da relação entre documentação e objeto de investigação: "primeiro você tem que ter o problema para ir procurar o documento, [e] não o contrário". Na ausência de uma reflexão teórica adequada – que permite ao investigador a localização dos verdadeiros problemas – a pesquisa histórica tende a transformar-se em um arquivismo inócuo.

Este livro reúne (com uma única exceção) textos escritos nos últimos quinze anos. O primeiro deles procura assinalar o caráter pioneiro e, por essa mesma razão, ambíguo da reflexão de Adam Smith. O texto sobre Marx constitui uma breve síntese de parte de um trabalho mais amplo, concluído em 1983. O terceiro texto discute criticamente a formação da reflexão ortodoxa a partir das contribuições de Senior, Jevons e Walras. O texto que se segue percorre, em um curto *vol d'oiseau*, momentos relevantes da reflexão econômica. O texto sobre Maria da Conceição Tavares procura sublinhar a importância de suas discussões teóricas, em contraposição à perspectiva do *mainstream*, dos neorricardianos e do reducionismo de origem marxista.

Os textos históricos iniciam-se com a edição de uma conferência proferida em 2012, em que são apresentadas as grandes estruturações do capitalismo, da ordem liberal burguesa ao neoliberalismo. Na sequência, faz-se uma discussão sobre as atribulações dos anos 1970, entendidos como o momento de transição entre a ordenação política e econômica do pós-guerra e a "revolução" conservadora da década de 1980. O texto subsequente estabelece um contraponto entre a crise de 1929 e a crise atual. Discute-se, então, em uma perspectiva temporal mais ampla, a possibilidade de a crise recente anunciar uma nova estruturação do capitalismo em âmbito mundial. Em seguida, analisam-se as distintas respostas nacionais à crise de 1929, a formação do chamado consenso keynesiano após a Segunda Guerra Mundial e a timidez das respostas à crise atual, sobretudo em face da dominação massacrante da alta finança. O texto final busca evidenciar a relevância das concepções econômicas do Papa Francisco a partir da análise de seu discurso proferido em Santa Cruz de la Sierra, na Bolívia, em julho de 2015.

TEORIA

O PIONEIRISMO DE ADAM SMITH[1]

O NASCIMENTO DA ECONOMIA POLÍTICA

As transformações que sacudiram a sociedade europeia a partir do desmantelamento do regime feudal são conexas à expansão do comércio e à formação dos Estados nacionais. O Absolutismo, ancorado na hegemonia do capital comercial, desenhou aí a política econômica ajustada a seus fins: o mercantilismo. O fortalecimento do poder do Estado foi a peça central que norteou uma série de medidas práticas. O protecionismo, a acumulação de saldos na balança comercial, os estímulos ao comércio de longa distância, o escravismo colonial, o desenvolvimento da marinha mercante e o crescimento demográfico se articularam sempre em torno de um mesmo princípio: o Estado forte. Forte em braços, em armas, em ouro. Capital comercial, Absolutismo e mercantilismo conformam, de fato, uma unidade indissociável.

Importa destacar que a articulação entre esses elementos implica um padrão de regulação que é essencialmente extraeconômico.

---

1 Publicado em *Economia e Sociedade*, Campinas, n. 18, jan./jun. 2002.

Barbosa de Oliveira (2002, p.44-52) demonstra que, enquanto o capitalismo "não se constitui plenamente", a subordinação da classe trabalhadora (disciplina laboral, salários, jornada de trabalho) depende da ação coercitiva do Estado. Da mesma forma, a expansão dos mercados não é produzida como um desdobramento natural do processo de acumulação, senão que remete à intervenção explícita do Estado. Em outras palavras, a estreiteza da base técnica e o fato de o capital não ter revolucionado ainda o processo de produção "desde suas entranhas" (Marx) fazem com que a regulação dos mercados (incluído o mercado de trabalho) – e a própria reprodução – se deem pela via extraeconômica da intervenção do Estado: "as limitações do processo de acumulação de capital [...] exigirão o apoio e a intervenção do Estado para que este processo se desenvolva, intervenção que se cristaliza na política mercantilista" (Oliveira, 2002, p.48).

Se se quiser, enquanto não se configuram as chamadas "forças produtivas especificamente capitalistas" (Marx), a Economia permanece escrava da política: as condições econômicas não se repõem de uma maneira automática. A reprodução necessita da intervenção sistemática e recorrente do Estado. Em tais circunstâncias, a reflexão sobre a Economia é a reflexão sobre um objeto que ainda não se constituiu de um modo independente. Nesse contexto, pensar a Economia é, no fundo, pensar os meios práticos de fortalecer o poder do Estado. A "autonomia do econômico" referida por Dumont (1985, p.44) é um processo apenas em gestação: a Economia não está liberta dos grilhões da política e, enquanto tal, não se configura um domínio específico de investigação. Nesse sentido,

[...] os autores ditos "mercantilistas" dos séculos XVII e XVIII [...] consideram os fenômenos econômicos do ponto de vista da política. Entre eles o fim frequentemente perseguido é a prosperidade e o poder do Estado, e a "Economia Política" aparece neste período [...] como um ramo particular da política. (ibidem, p.44)

Para que a Economia alcançasse um estatuto próprio e fosse pensada enquanto tal, duas condições básicas tiveram de se colocar.

A *primeira* foi a necessidade de que a produção mercantil se generalizasse. Isso somente ocorreu sob o regime do capital "plenamente constituído", fenômeno que se consolidou a partir da Revolução Industrial inglesa. Assim, a "autonomia do econômico" é sinônima da "autonomia" da própria mercadoria: apenas quando os nexos de sociabilidade se dão compulsória e exclusivamente pela via das relações econômicas (no caso, pelas relações de troca) é que esta esfera da vida social se emancipa da religião e da política. Em outras palavras, apenas quando os homens passam a se relacionar – indiretamente – por meio do mercado (vale dizer, sob o capitalismo) é que a Economia passa a ter uma dinâmica própria, independente de quaisquer outras determinações. A Economia, enquanto "esfera autônoma", supõe um padrão de sociabilidade fundado em relações de troca, e não em relações políticas de sujeição pessoal. Não por acaso, o pano de fundo dos primeiros pensadores da Economia Política é o contrato social lockeano entre indivíduos "livres" e "proprietários", e não o "pacto de submissão"[2] de Hobbes.

Como *segunda condição*, foi necessário que a reflexão se emancipasse das amarras da explicação religiosa, processo que remonta à emergência do racionalismo e ao desenvolvimento das "ciências da natureza".[3]

Dentre as múltiplas dimensões do racionalismo (Coleman, 1995), uma em particular será de especial importância para explicar o desenvolvimento (na verdade, o nascimento) da reflexão econômica: a ideia de ordem natural e de leis naturais (Clark, 1992). A transposição da forma de investigação dos fenômenos naturais para o terreno

---

2 "O contrato social de Locke em nada se assemelha ao contrato hobbesiano. Em Hobbes, os homens firmam entre si um pacto de submissão pelo qual, visando a preservação de suas vidas, transferem a um terceiro (homem ou assembleia) a força coercitiva da comunidade, trocando voluntariamente sua liberdade pela segurança do Estado-Leviatã. Em Locke, o contrato social é um pacto de consentimento em que os homens concordam livremente em formar a sociedade civil para preservar e consolidar ainda mais os direitos que possuíam originalmente no estado de natureza". (Almeida Mello in Weffort, 1997, p.86)

3 "A dúvida cartesiana libertara a razão e, dessa forma, despertara o sujeito de sua submissão objetiva a uma ordem revelada [...]. A 'ilustração' abrira caminho por entre a

da sociedade (no caso, a descoberta de suas "leis naturais") irá marcar para sempre os rumos da Economia Política. A vida social – incluída a Economia – passa a ser entendida (à maneira da natureza e do universo) como um todo ordenado e sujeito a regras, propriedades e regularidades, cabendo à razão sistemática o esforço de desvendar as "leis naturais" que disciplinam seu funcionamento.[4] Em se tratando de uma vida social e econômica, em que os "indivíduos" cada vez mais se organizam e se orientam pelo império das trocas, a reflexão irá concentrar-se necessariamente na explicação do enigma regulador do mercado.

A profusão de mercadorias em um ambiente em que tudo é submetido ao crivo da razão, eis a condição crucial para o surgimento da Economia Política. Nas palavras de Belluzzo (1980, p.18),

> O nascimento da Economia Política, como disciplina autônoma, está amplamente comprometido tanto com modificações que se produziram no ambiente econômico quanto com as transformações que se operaram na consciência dos povos. Ela surge como uma tentativa de explicação de um mundo abarrotado de mercadorias, onde os homens trocavam seus produtos não para consumir senão para trocar, de novo, amanhã [...]. Pressionada pelas transformações materiais em curso e penetrada, até os ossos, pelo racionalismo iluminista, a Economia Política nasce com a responsabilidade de desvendar e enunciar a "lei natural" que regia a nova sociedade econômica.

Pois bem, a "nova sociedade econômica", construída sob a égide da violência e da expropriação, redundou em indivíduos "livres". Livres e com o "direito natural" à propriedade (Locke). Indivíduos

---

cortina religiosa que deformava a visão de mundo do sujeito e impusera a razão como único paradigma de avaliação e julgamento". (Belluzzo, 1980, p.17-18)

4 "A concepção de 'ordem revelada' foi sendo progressivamente substituída pela ideia de 'ordem natural', cujos fundamentos estavam à mercê da análise racional. A sociedade, enquanto aglomerado de indivíduos, sedes da razão, estava submetida a leis de funcionamento semelhantes àquelas que presidiam ao reino da natureza". (Belluzzo, 1980, p.18)

que passam a se relacionar mediante um sistema expandido de trocas. Indivíduos que, movidos por pulsões benignas (Shaftesbury, Hutcheson) ou egoístas (Mandeville), produzem, na visão da filosofia moral inglesa, uma sociedade próspera e harmoniosa. Prosperidade e harmonia que, por sua vez, deveriam corresponder a uma vocação espontânea, natural, do organismo social.

AS CONEXÕES E OS DILEMAS DA "MÃO INVISÍVEL"

A "mão invisível" de Adam Smith é a síntese que articula tais elementos: a interação espontânea entre os indivíduos, qualquer que fosse sua motivação, sempre redundaria em uma ordem virtuosa. Virtuosismo que só não seria alcançado quando a intervenção do Estado – à maneira das práticas mercantilistas – sobrepusesse-se ao automatismo da vida social. Na sociedade, assim como na natureza estudada por Newton, prevaleceria a tendência ao equilíbrio. A lei cega da regulação do mercado teria a mesma eficácia da lei da gravidade. Os distúrbios que porventura existissem seriam, por definição, passageiros, já que o sistema disporia de propriedades imanentes que os reconduziriam sistemática e automaticamente à situação de repouso e equilíbrio.[5]

Pulsões individuais, ordem natural, harmonia de interesses, automatismo da regulação mercantil, liberdade e propriedade se combinam, dessa forma, no axioma da "mão invisível". O quadro aqui é inteiramente oposto ao da "situação mercantilista". Não se trata mais de descobrir os meios para assegurar o fortalecimento do poder do Estado, mas de investigar como se processa o "aumento da riqueza real da sociedade". Na verdade, uma nova sociedade, cujas "três classes originárias e principais" apropriam-se "de um modo natural" do "produto do trabalho de uma nação".[6]

---

5 Sobre a relação entre Smith e Newton, ver Clark (1992, p.36-42). A influência de Newton sobre o pensamento iluminista é destacada por Ernesto Screpanti e Stefano Zamagni (1995, p.54).

6 "Todo o produto anual da terra e do trabalho de uma nação [...] se divide de um modo natural [...] em três partes: a renda da terra, os salários do trabalho e os lucros do

Se os fisiocratas já haviam concebido um sistema "natural" que permitia a visão articulada do organismo econômico, sua construção padecia, contudo, de duas limitações essenciais: a visão do excedente era restrita à terra; e "o indivíduo" não constituía o ponto de partida para o entendimento da sociedade. Trata-se, como adverte Dumont (1985, p.68), de "uma escola de pensamento onde o individualismo permanece ainda contido e entravado no interior do holismo [...]". Se já existe nos fisiocratas a ordem natural (no caso, a ordem do capitalismo agrário) (Kuntz, 1982, p.99), se já existe a repulsa ao intervencionismo,[7] se já existe a reprodução econômica a partir da troca de mercadorias, não existe, contudo, a explicação para o lucro capitalista e nem a percepção – tipicamente escocesa e inglesa – da constituição da sociedade a partir das motivações econômicas dos "indivíduos".

Tais limites não mais se apresentam para Smith. Em sua visão, há uma tendência humana natural e espontânea à troca, que confere à produção de mercadorias (e ao capitalismo) uma existência "natural". A busca de vantagens pessoais, motivada pelo egoísmo dos homens,[8] faz girar a roda da concorrência e o resultado é uma divisão do trabalho cada vez mais ampla. A divisão do trabalho, por sua vez, constitui sinônimo de prosperidade, que será tão maior quão menor for a interferência da "mão visível do Estado". De sua parte, o lucro capitalista terá um estatuto teórico próprio, da mesma forma que a renda da terra e os salários, as "três fontes originárias de todo valor" (Smith, 1958, p.51).

Assim como os fisiocratas, Smith pretende descobrir as propriedades "naturais" do sistema econômico. Ao contrário deles, contudo,

---

capital, constituindo, portanto, a renda de três classes da sociedade – a que vive de rendas, a que vive de salários e a que vive de lucros. Estas são as três grandes classes originárias e principais de toda sociedade civilizada [...]". (Smith, 1958, p.239)

7 "Para Quesnay, a ideia de livre competição se constitui, antes de mais nada, por oposição ao sistema de preferências até então dominante. Nesse sentido, livre concorrência é o antimercantilismo; é especialmente o anticolbertismo, eleito pelo autor como a política antiagrícola por excelência". (Kuntz, 1982, p.94)

8 "Não é a benevolência do açougueiro, do cervejeiro ou do padeiro que nos proporciona o alimento, mas sim a consideração de seus próprios interesses". (Smith, 1958, p.17)

entroniza o indivíduo no centro de tal sistema e "liberta" o lucro das propriedades inatas da terra. Naturalismo e individualismo encontram uma peculiar combinação em sua obra *Riqueza das nações*. É essa combinação que será oportunamente apropriada e transfigurada pelos precursores daquela que, ironicamente, virá a ser denominada "ciência econômica".

De fato, suas considerações sobre o egoísmo e as "penas e fadigas" do trabalho (ibidem, p.31) colocam-no muito próximo das especulações que Bentham irá fazer sobre os cálculos de prazer e dor. Sua constatação de que "em um país civilizado são muito poucas as mercadorias cujo valor de troca se deva unicamente ao trabalho" (ibidem, p.53) situam-no na perspectiva de uma embrionária teoria aditiva do valor, segundo a qual cada "fator de produção" oferece "sua contribuição" à formação do valor dos produtos. Sua observação de que "os capitais aumentam com a sobriedade e a parcimônia, e diminuem com a prodigalidade e a dissipação" (ibidem, p.305), de modo que "todo pródigo é um inimigo da sociedade, e todo homem sóbrio um benfeitor" (ibidem, p.308), parece antecipar o dogma da prevalência da poupança sobre o investimento. Sua repulsa aos "sistemas de preferência ou restrições" e sua adesão ao "sistema de liberdade natural" revelam, por fim, um otimismo incontido em relação às virtudes da livre concorrência para os "progressos da sociedade" (ibidem, p.612), ponto de honra da razão liberal.

Não há dúvida que Smith se tornou uma referência marcante para a reflexão econômica que, fundada na lógica da maximização individual, pretende descobrir os princípios que regulam a operação do sistema econômico e, sobretudo, exaltar os auspiciosos resultados que decorreriam da livre operação dos mercados. Screpanti e Zamagni (1995, p.65) observam, a propósito, que "quase todos os seguidores de Smith no período compreendido entre a publicação de *A riqueza das nações* e o fim das guerras napoleônicas desenvolveram suas ideias no âmbito da teoria do equilíbrio competitivo individualista", uma das vertentes (ou "almas") (ibidem, p.62) que os autores identificam em Smith. Bentham e Say, por exemplo, partem desse ponto. Mas vão além: "todo o valor é fundado na utilidade" (ibidem, p.67), pontifica o primeiro, enquanto o segundo, ao afirmar que "a mera produção de uma mercadoria proporciona um mercado imediato para outros produtos" (ibidem, p.70) radicaliza a eficácia da própria mão invisível. As motivações humanas são mesquinhas, mas a interação entre os indivíduos – "átomos sociais" submetidos à ação cega do mercado – termina produzindo um resultado promissor: eis o mote que, partindo de Mandeville e Smith, será repetido, refinado e proclamado ao longo do tempo.

Mas Smith não foi apenas a matéria-prima de que se valeu a reflexão ajustada às promessas da nova ordem; há nele uma "segunda alma".

A contraposição valor de uso / valor de troca, expressa no famoso paradoxo da água e do diamante; a preocupação em definir uma "medida" adequada para o valor de troca (o trabalho "comandável"); a distinção entre o "preço natural" e os "preços de mercado"; a conexão entre o "trabalho produtivo" e o processo de criação do valor são, entre tantos exemplos, algumas das questões lançadas por Smith que irão marcar a reflexão econômica do século XIX.

Quando observa – em clara contradição com sua própria ideia acerca das "três fontes originárias"[9] – que "o patrão participa no produto do trabalho de seus operários, ou no valor que o trabalho incorpora aos materiais, e nessa participação consiste o seu lucro", Smith (1958, p.64) lança as sementes de uma teoria dedutiva do valor, na qual o lucro e a renda da terra surgem como apropriações unilaterais, e não como remuneração dos consagrados "fatores de produção". A concepção dedutiva do valor anunciada por Smith é a base das posteriores reflexões de Ricardo e Marx. David Ricardo, em sua cruzada pela revogação das Corn Laws, prontamente caracterizará a renda da terra como uma subtração de lucros aos arrendatários capitalistas. Marx, ao analisar a natureza do regime do capital, indicará, à saciedade, como este se funda em uma relação constitutiva de exploração, materializada na apropriação do sobretrabalho.

---

9 Este ponto é amplamente discutido por Belluzzo (1980).

AS IDEIAS E OS FATOS

A própria discussão de Smith sobre a evolução dos salários, da renda da terra e dos lucros com "o aumento do capital" inaugura uma problemática que marcará os rumos da Economia Política. Seu prognóstico é que os salários ("o preço real do trabalho") crescem com o avanço da acumulação. Mas nem por isso os preços dos produtos se elevam, já que a produtividade do trabalho compensa, com folga, o crescimento dos salários.[10] Os interesses dos trabalhadores, em sua visão, estão "intimamente ligados [...] ao interesse geral da sociedade", porém quando a "riqueza real da sociedade" declina "nenhuma classe sofre tão cruelmente [...] como a classe trabalhadora". A opinião dos trabalhadores, adverte Smith, quase nunca é atendida nos "negócios públicos", a não ser "naquelas ocasiões particulares em que suas reclamações são apoiadas, estimuladas ou promovidas pelos patrões, mais com vistas a seus particulares interesses que aos de seus patrocinados" (Smith, 1958, p.239-240).

Smith identifica também uma tendência ao crescimento da renda da terra: "todos os avanços no ambiente que circunda uma sociedade tendem, de uma maneira direta ou indireta, a elevar a renda real da terra, a incrementar a riqueza real do proprietário [...]", de sorte que seus interesses e os dos trabalhadores "se encontram íntima e inseparavelmente vinculados com o interesse geral da sociedade". Sendo os proprietários de terras, contudo, a "única classe que percebe sua renda sem que lhe custe trabalho ou desvelos", sua "situação segura e folgada os converte no mais das vezes em ignorantes [...] [sem] a capacidade de meditação necessária com o objetivo de precaver e compreender os efeitos de qualquer regulamentação por parte do governo" (ibidem, p.238-239).

---

10 "Existem muitos produtos que, devido a esses avanços [da produtividade], se produzem com menos trabalho que antes, de tal sorte que a elevação do preço do trabalho é mais que compensada pela diminuição do número de trabalhadores necessários" (Smith, 1958, p.84). "Embora devido ao estado florescente da sociedade, o preço real do trabalho aumente consideravelmente, a grande diminuição da quantidade de esforço que cada coisa necessita, compensa largamente a elevação que poderia haver em seu preço [...]" (ibidem, p. 233-234).

Em relação aos lucros, a posição de Smith é clara: o aumento da concorrência entre os capitalistas faz cair a taxa de lucro. Em suas palavras, "o aumento do capital, que faz subir os salários, tende a diminuir os lucros. Quando os capitais de muitos comerciantes ricos se investem em um mesmo negócio, a natural concorrência que estabelecem tende a reduzir seu lucro [...]" (ibidem, p.85). A concorrência, assim, "encarece os salários do trabalho e diminui os lucros do capital" (ibidem, p.320). Pois bem, o fato de que "a taxa de lucro não sobe, tal como acontece com a renda e com os salários, à medida que aumenta a prosperidade" coloca a classe capitalista sob suspeição: seus interesses "não se encontram tão intimamente relacionados, como os das outras duas classes, com o interesse geral da sociedade". Comerciantes e fabricantes, na percepção de Smith, são "as categorias que empregam os capitais mais consideráveis e, devido à sua riqueza, são objeto da maior consideração por parte dos poderes públicos". Sua "maior acuidade mental" faz com que "sua inteligência se exercite [em benefício] dos particulares interesses de seus negócios específicos", e não em favor "dos interesses gerais da sociedade". Desse modo, "os interesses dos que operam em certos ramos do comércio ou das manufaturas, em alguns aspectos, não apenas são diferentes, mas completamente opostos ao bem público", já que "o interesse do comerciante consiste sempre em ampliar o mercado e restringir a concorrência". Se é verdade que "a ampliação do mercado coincide, em regra geral, com o interesse do público [...], a limitação da concorrência redunda sempre em seu prejuízo, e só serve para que os comerciantes [elevem] seus lucros acima do nível natural". Em conclusão, "toda proposição de uma lei nova [...] que proceda dessa classe de pessoas deve ser analisada com a maior desconfiança". Em muitas ocasiões, adverte Smith, a experiência demonstrou que as proposições dessa "classe de gente" tende apenas a "iludir e oprimir a comunidade" (ibidem, p.240-241).

A partir dessas considerações, percebe-se que o apóstolo da "mão invisível" estabelece uma sutil diferenciação entre a natureza ideal e a realidade do mercado: o mercado, por natureza, é pródigo e harmonioso; basta que a concorrência opere livremente. Mas a concorrência, em seu movimento, produz uma "classe de pessoas" que limita o

AS IDEIAS E OS FATOS

exercício da livre competição. O mercado dispõe de propriedades de regulação naturais; sua operação, contudo, engendra resultados artificiais, anomalias que comprometem a eficácia da regulação espontânea. Ele configura a arena onde a contraposição dos interesses particulares redunda na satisfação do interesse geral; mas o vigor do comportamento particularista virtualmente se opõe ao "interesse do público", e reclama a intervenção e a "desconfiança" do Estado. Esse dilema, já presente em Smith, provocará sucessivos incômodos à reflexão econômica de matiz liberal, forçando-a a permanentes circunvoluções.

Vários autores já destacaram, com propriedade, o caráter ambíguo da obra de Smith. Coleman (1995, p.139) assinala sua recorrente "tendência sincrética" em combinar elementos racionalistas e empiristas, característica de uma atitude teórica sempre contemporizadora. Clark (1992, p.73) observa que existe uma dicotomia nos trabalhos de Smith entre uma visão naturalista da sociedade (a busca das leis naturais da ordem social) e uma visão da "sociedade como processo" (que nortearia a investigação histórico-institucional). Screpanti e Zamagni (1995, p.62) apontam na reflexão econômica de Smith a existência de dois componentes fundados na "teoria do excedente" e na "teoria do equilíbrio competitivo individualista". Belluzzo (1980, p.29) analisa como Smith "se debate com duas teorias do valor" e "maneja simultaneamente duas teorias do capital".

A patente ambiguidade de Smith talvez decorra das circunstâncias históricas em que sua obra foi produzida (a Revolução Industrial inglesa apenas se iniciava). Ou talvez da forma pela qual o primado do indivíduo e de suas motivações egoístas foi introduzido no âmago de uma visão naturalista da sociedade. Ou ainda do conflito surdo entre as esperanças suscitadas pela emergência da nova ordem e a percepção da dura realidade do mercado. Seja como for, é Smith quem funda a Economia como disciplina autônoma. E sua própria "hesitação teórica" (Belluzzo, 1980, p.24) contribuiu para que se observasse, a partir de *A Riqueza das nações*, o surgimento de duas tradições marcantes: a Economia Política – incluída a crítica de Marx – e a linha de reflexão que, passando por Bentham e Senior, desaguará no marginalismo e no axioma do equilíbrio geral.

A PARTIR DE KARL MARX[1]

Apreender o sentido e a lógica da construção de Marx é uma tarefa delicada. Não raro, o simples se transforma em complexo, o dominante se converte em subordinado e o pressuposto, ao mesmo tempo em que permanece, tende a desaparecer. Sucessivas transfigurações interpõem-se no texto, entrecruzam-se e afastam-se a lógica e a História, no seio de um pensamento em que, por vezes, a novidade da crítica aparece encoberta pelo acerto com velhas questões.

A dificuldade, contudo, não parece consensual. Para o economista, no caso, a natural proximidade com David Ricardo dá a falsa impressão que a grandeza teórica de Marx se reduz, no limite, a um sistema de relações causais fundadas na determinação pelo tempo de trabalho. É o que se observa nos reiterados intentos de conversão dos valores em preços de produção e vice-versa. É o que perpassa os renovados esforços de identificação dos incontáveis mecanismos de "extração",

---

1 Publicado no *Boletim do IERJ* (Instituto dos Economistas do Estado do Rio de Janeiro), n. 24, mar./abr. 1983. Os argumentos aqui expostos são desenvolvidos em Frederico Mazzucchelli (1985).

"transferência" e "apropriação" da mais-valia. É o que norteia as repetidas qualificações que buscam distinguir o trabalho produtivo do trabalho improdutivo. É, por fim, o que inspira a incessante busca das intermináveis causas que ou bem "contrabalançam" ou bem aceleram a tendência à queda da taxa de lucro, para daí extrair ilações sobre o funcionamento do sistema.

Percebe-se assim uma tentativa obsessiva em "aplicar" os resultados de Marx ao "movimento real do capital" sem mediações de qualquer índole, sejam teóricas sejam históricas. O resultado é a vulgarização da teoria e o inevitável ofuscamento na compreensão das "situações reais".

A nosso ver, a notável construção de Marx é definitiva para o esclarecimento das *determinações imanentes* e das *leis gerais de movimento* do modo capitalista de produção. Assim se entende um percurso lógico que, partindo geneticamente da forma valor, esclarece a natureza e as funções do dinheiro na circulação mercantil; que capta, a partir do movimento do dinheiro, a transformação das determinações mercantis em determinações capitalistas; que esclarece como a expansão quantitativa do valor rebate sobre o desenvolvimento das forças produtivas; que localiza na implantação de forças produtivas especificamente capitalistas as condições essenciais à autodeterminação da acumulação; que demonstra como, a par de sua natureza antagônica e de sua tendência expansiva, o capital ultrapassa de modo recorrente os limites impostos à valorização, destruindo-se e recriando-se nas crises; que explicita como se redefinem, no capitalismo, as relações de equivalência; que reconstitui a articulação estrutural entre as distintas formas do capital; e que, pela análise dos processos de concentração e centralização e do desenvolvimento do capital a juros, indica o sentido das transformações fundamentais do regime de produção.

Portanto, mediante a explicitação das determinações mais simples da produção capitalista e de seu *desenvolvimento*, Marx alcança a compreensão das relações essenciais e das leis gerais que regulam o movimento do modo de produção. O conhecimento, contudo, *não se esgota* na consideração de tais leis e determinações: seu avanço impõe a necessidade de mediações, tanto no plano da teoria quanto no plano da História.

Essa constatação previne três ordens de equívocos. A primeira supõe que a reflexão de Marx se limita ao capitalismo inglês do século XIX ou, *latu sensu*, ao capitalismo concorrencial. A partir daí as inevitáveis conclusões de que Marx foi um grande autor "a seu tempo" ou que as transformações do capitalismo o converteram num autor sem dúvida importante, porém "superado". A segunda coloca em questão a própria construção de Marx, na medida em que tende a abandonar a teoria do valor e o conceito mesmo de capital, concebendo a totalidade capitalista como a soma pura e simples das partes que a integram (os mercados, os setores, as nações etc.), ou como o mero espaço em que se trava a competição intercapitalista. E a terceira, já referida, insiste em operar a *redução imediata* da complexidade das "situações reais" às "leis baseadas no valor e na mais-valia".

Nossa hipótese, pelo contrário, é que o "movimento real do capital" se torna incompreensível quer com o abandono quer com a consideração exclusiva de suas determinações gerais. Que Marx limitou sua análise ao estudo de tais determinações, não há qualquer dúvida. Em *O capital*, por exemplo, é clara a contraposição entre as "leis imanentes da produção capitalista" e as "leis coercitivas da concorrência"; entre a "natureza intrínseca do capital" e a "análise científica da concorrência"; entre a "natureza geral do capital" e as "formas concretas da produção capitalista"; entre o "conceito" e as "condições reais" e "relações reais"; entre a "organização interna do modo de produção capitalista" e o "movimento real da concorrência". A reflexão de Marx se centra basicamente no plano das "leis imanentes", da "natureza intrínseca" ou da "natureza geral" do capital. Segundo suas próprias palavras, "o movimento real da concorrência fica fora de nosso plano e só temos de apresentar a organização interna do modo de produção capitalista [...]" (apud Rosdolski, 1978, p.81, nota 173).

Como então estabelecer critérios de validação histórica para sua obra? Como abandonar as determinações imanentes da produção capitalista sem limitar o âmbito da reflexão teórica, quando não adentrando aos descaminhos do empirismo estritamente descritivo? Como pretender reduzir a horas de trabalho o que é complexamente determinado?

É necessário aqui esclarecer que, para Marx (1973, v.1, p.366), "a concorrência não é outra coisa que a natureza interna do capital, sua determinação essencial que se apresenta e se realiza como ação recíproca dos diversos capitais entre si; a tendência interior como necessidade exterior". *Isso significa que a análise da concorrência constitui uma mediação teórica imprescindível ao entendimento do "movimento real do capital".* Somente mediante sua consideração e suas determinações – que, desde logo, são distintas das determinações imanentes do capital –, que se torna possível penetrar na complexidade das "situações reais". É assim que, por meio da concorrência, realizam-se as determinações essenciais da produção capitalista ou que, reversamente, o "movimento real do capital" reporta-se a suas determinações constitutivas.

Reter a construção de Marx significa, portanto, estabelecer mediações entre seus resultados e o "movimento real do capital", tarefa que, a nosso ver, desdobra-se em duas direções. De um lado, por meio da inclusão da concorrência e de suas determinações, detalhando os princípios da teoria da dinâmica capitalista, esforço que não pode prescindir das contribuições de Keynes, Kalecki, Schumpeter, entre outros. O fato de tais autores partirem de um marco teórico por vezes estranho a Marx, pouco interessa; o que importa, no caso, é que seus resultados se inscrevem em um plano não estudado de maneira sistemática por Marx (o da concorrência) e sobre o qual várias são suas referências à necessidade de uma "investigação especial".

A questão então se desloca para a relação que se estabelece entre as leis imanentes e as leis da concorrência ou, se se quiser, para o sentido em que se dá a "execução" das "leis internas do capital" por intermédio da concorrência. Vale dizer, esclarecidas as determinações gerais do capital, trata-se de analisar os mecanismos que asseguram sua realização no interior da concorrência intercapitalista, o que implica, portanto, a consideração de novas determinações.

Por outro lado, é inevitável o recurso aos fatos. Somente assim é possível apreender as transformações fundamentais e observar como a realização das tendências imanentes do regime de produção redunda no estabelecimento de novas formas estruturais de existência. O monopólio, por exemplo, "surge como um desenvolvimento e uma combinação direta das propriedades do capitalismo em geral" (Lenin) e promove modificações não desprezíveis na estrutura e na dinâmica do sistema. Não foi por acaso que Lenin se referiu ao imperialismo como a "fase superior do capitalismo" e que Hilferding se lançou à construção do conceito de "capital financeiro": as transformações em curso no início do século XX indicavam que as leis gerais do capitalismo se realizavam por meio de alterações radicais no modo de existência do sistema.

Mas a caracterização de etapas ou fases não basta. E necessário, a partir dela, e da reflexão histórica, identificar padrões de desenvolvimento capitalista, o que significa reter as determinações gerais dessa produção e, ao mesmo tempo, avançar na compreensão das "situações reais". Vale dizer, os distintos capitalismos, se não são idênticos, tampouco se configuram como "singularidades irredutíveis" (Cardoso de Mello).

A consideração de tais mediações distingue a reflexão criadora do marxismo vulgar. Não há dúvida que a construção teórica de Marx constitui um paradigma único de compreensão do capitalismo: *enquanto existir o capitalismo, existirá Marx!* A força de seu pensamento se mede pelo próprio paradoxo que, após mais de um século de sua morte, é ele um dos autores mais divulgados, e menos entendidos, da História contemporânea.

SENIOR, JEVONS E WALRAS
A CONSTRUÇÃO DA ORTODOXIA ECONÔMICA[1]

· SENIOR

A construção da ortodoxia econômica é o resultado de um movimento insistentemente buscado ao longo do século XIX: dar fundamentos "científicos" à Economia Política. Já em 1827, Senior (1997a, p.35) observou que

[...] a ciência da Economia Política pode ser dividida em dois grandes ramos – o teórico e o prático. O primeiro, o ramo teórico, que explica a natureza, a produção e a distribuição da riqueza, deve se basear em algumas poucas proposições gerais, fruto da observação ou da percepção [...].

Em se tratando do "ramo teórico", destaca Senior, tanto as premissas quanto as conclusões delas derivadas são "universalmente verdadeiras". Dentre as cinco premissas, ou "proposições gerais", arroladas pelo autor, duas merecem destaque:

---

1 Publicado em *Economia e Sociedade*, Campinas, v.12, n.1, p.137-146, jan./jun. 2003.

1. A riqueza consiste em todas as coisas que [...], direta ou indiretamente, produzem prazer ou previnem o medo, ou, para usar uma expressão equivalente, que são susceptíveis de serem trocadas ou [...] que têm valor.
2. Toda pessoa é desejosa de obter, com o menor sacrifício possível, a maior quantidade possível dos artigos da riqueza. (ibidem, p.45-46)

É sobre tais premissas, basicamente, que a Economia Política deveria se desenvolver como uma ciência respeitável. Em 1836, Senior reafirma suas convicções: a "ciência da Economia Política" deve se ocupar da "riqueza" e não da "felicidade".[2] Esta "ciência" deve se apoiar em premissas gerais e universais e formular princípios igualmente gerais e universais: "a tarefa de um economista político não é recomendar ou dissuadir, mas estabelecer princípios gerais [...]". Cabe à "ciência da legislação" – "uma ciência que requer o conhecimento dos princípios gerais proporcionados pela Economia Política, mas que dela difere essencialmente em seu objeto, premissas e conclusões" – ocupar-se das medidas práticas e do bem-estar da sociedade: "o objeto da legislação não é a riqueza, mas o bem-estar humano".

Estão aí postas as sementes da operação cientificista da Economia Política. Dois artifícios já são perceptíveis. Primeiro, todas dimensões, relações e categorias econômicas são esvaziadas de seu conteúdo social. As mercadorias não são apresentadas como formas (sociais) especiais dos produtos do trabalho, mas, à maneira de Bentham, como "coisas que produzem prazer ou previnem a dor". Coisas que, sendo úteis ao homem, "têm valor", com o que o valor aparece ligado aos desejos e sensações íntimas do indivíduo, sem qualquer relação com o meio social onde este existe. O móvel da sociedade, por sua vez, é reduzido a um móvel supostamente natural dos indivíduos: todos, em qualquer época e qualquer lugar, querem sempre "obter, com

---

2 "Em que medida e em que circunstâncias a possessão da riqueza é, no conjunto, benéfica ou penosa a seu possuidor, ou à sociedade da qual ele é um membro? Qual a distribuição da riqueza mais desejável em cada estágio da sociedade? Quais os meios pelos quais um País pode facilitar tal distribuição? São questões de grande interesse e dificuldade, mas não mais formam parte da ciência da Economia Política [...]" (Senior, 1997a).

AS IDEIAS E OS FATOS

o menor sacrifício possível, a maior quantidade possível dos artigos da riqueza", raciocínio aparentemente banal, mas que traz consigo a sugestão do "homem maximizador", ou ainda, a ideia de que a acumulação de capital é algo que decorre das propensões naturais dos indivíduos. O especificamente social desaparece em meio às propriedades inatas que Senior julga descobrir nos homens. O que se percebe, dessa forma, é que a busca das premissas "universalmente verdadeiras" é, de fato, uma sutil operação destinada a transformar as características próprias do mundo capitalista em características naturais, eternas, "universais" da condição humana, de modo que as singularidades históricas e sociais daquele mundo simplesmente desapareçam.

Segundo, *et pour cause*, a abstração que define o objeto da "ciência da Economia Política" é uma abstração cuidadosamente planejada. A Economia Política não deveria se imiscuir nos temas "práticos" da vida social – em que a desigualdade, os conflitos e a crise inexoravelmente aparecem –, mas se concentrar na busca dos "princípios gerais" (mais uma vez, naturais ou eternos) que suportariam e apoiariam as demais "ciências", estas sim voltadas aos assuntos dos homens. A conclusão que daí decorre é que o alvo principal da Economia Política não deveria ser a relação (social) entre os homens no processo econômico, mas a relação entre estes e a natureza: por isso a "satisfação das necessidades", "a maximização da utilidade", a "alocação ótima dos recursos escassos", "a distribuição adequada do tempo entre trabalho e lazer", "a composição desejada entre consumo presente e consumo futuro", "o estudo das quantidades" etc. Trata-se, como se vê, de uma abstração falsa, que não dá conta do que é característico, particular, da economia capitalista.

JEVONS

Mesmo tendo sido duramente criticada pelas escolas históricas alemã e inglesa,[3] foi esta a abordagem que alimentou a Revolução

---

3 Ver Screpanti e Zamagni (1995, p.91-93; p.161-162, p.170-172) e Senior (1997b).

Marginalista. *A teoria da economia política*, obra de Jevons publicada em 1871, é um exemplo flagrante da forma pela qual a reflexão econômica é intencionalmente esvaziada de toda e qualquer dimensão social e histórica. Em continuidade com Bentham e Senior – reiteradas vezes citados e exaltados por Jevons – o indivíduo é colocado no centro da investigação econômica: "a teoria aqui exposta deve ser apresentada como a mecânica da utilidade e do interesse individual" (Jevons, 1983, p.37).

A partir de necessidades, disponibilidades, desejos e cálculos do indivíduo, Jevons constrói a explicação econômica. Uma explicação que tem como premissa as formulações utilitaristas de Bentham: "a teoria que segue está baseada inteiramente sobre o cálculo do prazer e da dor; e o objeto da Economia é a maximização da felicidade por meio da aquisição do prazer, equivalente ao menor custo em termos de dor" (ibidem, p.38). Fundamentado na ótica do indivíduo isolado – que busca o máximo prazer com a mínima dor –, Jevons não tem dificuldade em definir a atividade econômica como um processo voltado à satisfação das necessidades humanas: "o único fim de toda atividade econômica é satisfazer às nossas necessidades" (ibidem, p.154). Nesse contexto de satisfação, a troca é entendida como um ato voluntário dos indivíduos com vistas à maximização de seus objetivos: os indivíduos "escolhem" uma determinada composição de produtos, de modo a obter o máximo prazer com o mínimo esforço. Partindo das dotações de bens existentes para cada indivíduo, a troca é o mecanismo de recomposição que assegura a realização das distintas "escolhas". Se o objetivo da troca é a recomposição de produtos entre indivíduos desejosos de maximizar suas posições, convém notar que o dinheiro é entendido, basicamente, como meio de circulação. O valor dos produtos, por sua vez, só terá sentido, nessa perspectiva, se referido aos desejos dos indivíduos: é o desejo por mais prazer que confere valor aos produtos. O fundamento do valor é assim estritamentemente subjetivo: os produtos só têm valor se são úteis para o indivíduo, se são desejados no âmbito do cálculo de prazer e dor estabelecido por cada um: "o valor depende inteiramente da utilidade" (ibidem, p.29). Para Jevons, portanto, as coisas têm valor independente da troca: basta que sejam desejadas, que sejam úteis aos indivíduos.

AS IDEIAS E OS FATOS

Os atropelos dessa visão – que elimina explicitamente as determinações sociais e históricas do processo econômico – são notórios: o sujeito da atividade econômica é a satisfação e não a valorização; o dinheiro é meio de circulação e não início e fim de um processo expansivo; a troca é o veículo da maximização das utilidades individuais e não o caminho necessário da maximização do valor; o capital são as coisas "empregadas para facilitar a produção"[4] e não o valor em busca da valorização; o trabalho é uma atividade com "utilidade negativa" ou "desutilidade" e não a base assalariada sobre a qual se assenta o capital; o lucro, à maneira de Senior, é o prêmio pela abstinência e não o resultado de uma relação social; a "liberdade da troca" conduz à "maximização da utilidade" e não à instabilidade, à crise ou à desigualdade; a superprodução só existe "em alguns ramos em relação a outros" e nunca assume um caráter geral.

A totalidade, na visão de Jevons, é deduzida a partir da lógica dos indivíduos: somem-se os indivíduos e ter-se-á a sociedade, entendida a partir da agregação de indivíduos isolados, portadores de uma racionalidade maximizadora, que realizam seus desejos mediante atos de troca. A lógica do capital – que, em realidade, ordena a totalidade social e subordina a lógica individual – simplesmente não existe para Jevons. Em sua visão, basta que se "entendam" as "leis referentes aos casos individuais" para que se "entendam", também, "as leis dos agregados" (ibidem, p.52): "as fórmulas que se aplicam a um indivíduo [...] são, no aspecto geral, idênticas às que se aplicam a uma nação inteira" (ibidem, p.116).

Jevons se julga um respeitável cientista. Um cientista que advoga o tratamento matemático para a emergente disciplina. Um cientista que pretende estabelecer "leis econômicas teoricamente verdadeiras" (ibidem, p.72) a partir do comportamento dos indivíduos. Sua visão

---

4 As premissas de Jevons (1983, p.146 e p.155) conduzem-no a definições no mínimo bizarras para o capital: "O capital não é a estrada de ferro, ele é a comida daqueles que fizeram a estrada de ferro". "Manter uma casa é uma ocupação que envolve salários, capital e juros, como qualquer outro negócio, com a diferença que o proprietário consome todo o resultado".

"científica" das motivações individuais é coroada com a seguinte observação:

> Um homem de raça inferior, um negro, por exemplo, aprecia menos as posses e detesta mais o trabalho; seus esforços, portanto, param logo [...]. O homem rico na sociedade moderna está aparentemente suprido com tudo que ele pode desejar e, no entanto, frequentemente trabalha por mais sem cessar. (ibidem, p.116)

A conclusão de Jevons (ibidem, p.116) é que os cálculos benthamianos devem ser ponderados pela "índole da raça": o "homem rico da sociedade moderna", por ter múltiplas necessidades, de bom grado aceita trabalhar mais e mais. Para o "homem rico", a "utilidade dos bens adicionais" compensa o "sofrimento do trabalho prolongado" (ibidem, p.115). Já o negro, "homem de raça inferior", tem poucas necessidades e, portanto, pouco trabalha. Os camponeses irlandeses, da mesma forma, "por não consumirem carne de boi e não usarem sapatos", são, como os negros, "pouco industriosos".[5] As observações de Jevons não são apenas patéticas. Elas são emblemáticas da forma pela qual é concebida a relação dos homens no processo econômico: a relação essencial, para Jevons, é a estabelecida entre o trabalho e as necessidades de cada um, e não a relação estabelecida entre os homens (as relações sociais) no processo econômico. Entre o "homem rico" e os negros ou os camponeses parece não haver, para Jevons, nenhuma relação: todos são igualmente "agentes maximizadores", cada qual com sua escala de utilidades e sua distinta disposição ao trabalho.

Em uma conferência pronunciada em 1876, Jevons (1997, p.624) reafirma suas convicções:

> As leis da Economia Política tratam das relações entre as necessidades humanas e os recursos disponíveis [...] para a satisfação dessas

---

5 "O bispo Berkeley, em seu *Querist*, perguntou muito bem se 'a criação de necessidades não é o modo mais provável de provocar diligência em um povo? E se nossos camponeses (irlandeses) estivessem acostumados a comer carne de boi e a usar sapatos, eles não seriam mais industriosos?'" (Jevons, 1983, p.116).

AS IDEIAS E OS FATOS

necessidades. Essas leis são tão simples em seus fundamentos que elas devem se aplicar [...] a todos os seres humanos dos quais temos conhecimento.

Chego à conclusão, portanto, que os primeiros princípios da Economia Política são tão amplamente verdadeiros e aplicáveis, que devem ser considerados universalmente verdadeiros em relação à natureza humana.

A teoria da ciência consiste naquelas leis gerais que são tão simples por natureza e tão profundamente arraigadas na constituição do homem e do mundo exterior, que permanecem as mesmas através de todas as épocas [...].

O valor, como vimos, reduzido a sua dimensão material de valor de uso, passa a ser um atributo permanente dos produtos do trabalho, em qualquer época, em qualquer circunstância. Basta que tais produtos tenham utilidade para o homem, que sejam aptos a satisfazer necessidades, para que, na acepção de Jevons, sejam portadores de "valor". Ao fundar, assim, o valor na utilidade – na capacidade que as coisas têm em satisfazer necessidades –, Jevons transforma uma propriedade estritamente mercantil (e capitalista) dos produtos em propriedades naturais:

> Podemos traçar na transação do empréstimo de um bote (entre os esquimós) os princípios simples que estão na base da Economia. [...] Um bote é muito útil, senão essencial, a um esquimó; um segundo bote é muito menos útil a um homem que já tem um bote, mas é extremamente útil se passado às mãos de um vizinho que não possua um. Os elementos do valor estão presentes aqui da mesma forma que nas mais complexas operações de nossos grãos ou do mercado de ações. (Jevons, 1997, p.624)

O objeto da Economia, segundo Jevons, é um objeto natural. E ao lidar com um objeto natural, a "ciência econômica" deveria ser entendida – e desenvolvida – como uma ciência exata, à maneira da Física: "assim como existe uma ciência geral da Mecânica, também deve haver uma ciência ou teoria da Economia [...]. O equilíbrio da troca de bens se assemelha às condições de equilíbrio dos pesos [...]. A teoria da Economia prova ser, de fato, a [teoria da] mecânica da utilidade e do autointeresse" (ibidem, p.625). Mais ainda, como a Economia, na visão de Jevons, lida com quantidades, sua elaboração não poderia prescindir do tratamento matemático, processo que o autor observa mais avançado no continente:

> [...] lidando com quantidades, como a Ciência o faz, a Economia deve necessariamente ser uma ciência matemática. [...] Pode-se afirmar com segurança que se os economistas ingleses persistirem em rejeitar a visão matemática de sua ciência, eles ficarão atrás de seus contemporâneos europeus. (ibidem, p.625)

Com a Economia ancorada em fundamentos tão rígidos, que espaço restaria à reflexão histórica? A resposta de Jevons é clara: não caberia à análise histórica formular ou investigar a especificidade das "leis econômicas", mas verificar sua regularidade, evidenciar sua aplicação ao longo dos distintos períodos. No limite, a análise histórica não descobriria; ela apenas ilustraria: "A Economia Política histórica, longe de substituir a teoria da Economia, deverá apenas exibir e verificar a ação continuada de suas leis nos mais variados estágios da sociedade" (ibidem, p.624).

Essas observações de Jevons são indicativas de uma operação intelectual importante. As críticas dos "economistas históricos" às generalizações indevidas dos "cientistas econômicos" eram extremamente contundentes e comprometiam a própria legitimidade de seu projeto teórico. Já em 1870, Cliffe Leslie, um dos expoentes da escola histórica inglesa, havia manifestado sua radical oposição à concepção da Economia Política como "um corpo de verdades necessárias e universais, fundadas em leis invariáveis da natureza, e deduzidas da constituição da mente humana" (Leslie, 1997 p.148), sem qualquer conexão com a História e a trajetória das sociedades. A resposta dos partidários da "nova ciência" foi tão astuta quanto elíptica. Impossibilitados de reagir à incisiva crítica, deslocaram a discussão para o terreno do método, estigmatizando – não sem razão! – os "economistas históricos" como inimigos da abstração e da dedução. Segundo Jevons, as críticas de Cliffe Leslie seriam exemplos da "falácia da exclusividade" – um procedimento unilateral caracterizado, no caso, pela adesão ferrenha e estrita ao "método da indução", e pela desconsideração completa da abstração e do "método dedutivo" no processo de conhecimento. Munidos de tal "argumento",[6] os "cientistas econômicos" se autoproclamaram detentores do privilégio da abstração, fazendo-a, evidentemente, a seu modo. Óbvio que, em suas mãos, a abstração só poderia levar a um resultado: o deslocamento da História para o plano secundário da "verificação da ação continuada das leis" formuladas, estas sim, pelos "cientistas da Economia". Processa-se, dessa forma, uma fratura que deixará sequelas profundas: a História deixa de ser uma fonte de conhecimento para a reflexão econômica e se converte, na melhor das hipóteses, em um território de "verificação" ou "ilustração" dos "princípios" e "leis" da "ciência econômica".

WALRAS

Essa pretensão científica assume, em Walras, proporções delirantes: segundo seu veredicto, "há um ramo das Matemáticas, até agora esquecido pelos matemáticos e ainda não elaborado, que é a teoria do valor de troca". Sua grave avaliação consiste em que, assim como "a Mecânica Pura deve preceder à Mecânica Aplicada", da mesma forma, "há uma Economia Política Pura que deve preceder a Economia Política Aplicada, e essa Economia Política Pura é uma ciência em tudo semelhante às ciências físico-matemáticas". Desse modo, "se a Economia Política Pura, ou a teoria do valor de troca e da troca, isto é, a teoria da riqueza social considerada em si própria, é, como a Mecânica, como a Hidráulica, uma ciência físico-matemática, ela não

---

6 Os "economistas históricos" eram, sem dúvida, refratários à abstração. Isso não desqualifica, contudo, a crítica que dirigiam aos emergentes "cientistas econômicos": as abstrações destes últimos eram, por definição, falsas e enganosas, e esse ponto foi corretamente destacado pelos "economistas históricos".

42 FREDERICO MAZZUCCHELLI

deve temer que se empreguem o método e a linguagem das Matemáticas" (Walras, 1983, p.23). É importante analisar os fundamentos e os resultados de sua construção, já que a mesma veio se constituir em referência relevante da reflexão econômica.

Walras parte de uma perspectiva inteiramente naturalista. O fundamento do valor, em sua compreensão, é a raridade das coisas. As coisas são raras por serem úteis ao homem e limitadas em quantidade. Portanto, em qualquer contexto social e em qualquer circunstância, as coisas raras têm valor: se elas apresentam utilidade e se são limitadas em quantidade, naturalmente elas têm valor. Em suas palavras,

> [...] o fato do valor de troca torna, pois, desde que estabelecido, o caráter de um fato natural, natural em sua origem, natural em sua manifestação e em sua maneira de ser. Se o trigo e o dinheiro têm valor é porque são raros, isto é, úteis e limitados em quantidade, duas circunstâncias naturais. (ibidem, p.22)

Considerando a raridade "pessoal ou subjetiva" e o valor de troca "real ou objetivo" (idem, p.69), conclui-se que as bases do valor de troca são estritamente subjetivas: as raridades "estão em nós e não nas coisas" (ibidem, p.97). Não existe, portanto, nenhuma determinação social por detrás do valor: existe o homem (indivíduo), suas necessidades e a disponibilidade física dos produtos.[7] Não importa se estamos na Roma Antiga, em uma comunidade camponesa da Bolívia, em Quixeramobim, no século XVII, ou em Paris, em 1870. Para Walras o valor é um "fato natural". Essa mesma "originalidade" conceitual permite a Walras apresentar todos os "agentes" do sistema de trocas como detentores "de capitais": proprietários de terras, que detêm os "capitais fundiários", trabalhadores, que detêm os "capitais

---

7 É exatamente essa a perspectiva de Robinson Crusoé, náufrago em uma ilha deserta: "A natureza e a experiência me ensinaram, mediante justa reflexão, que todas as coisas boas deste mundo não continuam sendo boas para nós quando não servem mais para nosso uso [...]. Se eu tivesse a gaveta cheia de diamantes eles não teriam tido qualquer espécie de valor para mim, pois não teriam utilidade alguma" (Defoe, 1996, p.145-146).

AS IDEIAS E OS FATOS

pessoais", e capitalistas, que detêm os "capitais propriamente ditos" (ibidem, p.110-111 e p.116).[8] Mais uma vez, não importa o meio social em que os "agentes" operam: todos são, sempre, em qualquer circunstância, detentores de capitais. Não existe, além disso, qualquer hierarquia entre tais "proprietários de capitais": todos trocam, e todos, enquanto proprietários, auferem uma remuneração, já que "faz parte da essência dos capitais dar nascimento aos rendimentos" (ibidem, p.109).

O aparato conceitual de Walras é, na verdade, uma expressão de sua própria visão (igualmente naturalista) da troca. O objetivo da troca é a recomposição pura e simples de produtos entre os "permutadores", de modo a conseguir a máxima satisfação (ou utilidade). Quando os indivíduos trocam, segundo Walras, eles querem unicamente alcançar posições "ótimas" do ponto de vista de seus desejos, disponibilidades e necessidades: o objetivo é sempre "a satisfação máxima das necessidades ou o máximo de utilidade efetiva" (ibidem, p.58). Partindo dessa (falsa) premissa, a troca é sempre entendida como o veículo da satisfação e nunca como o veículo da valorização (como de fato o é sob o capitalismo). A troca, em Walras, é um fato natural que não está subordinado ao objetivo maior da valorização. Troca-se para satisfazer necessidades e maximizar utilidades; não se troca para incrementar quantitativamente o valor. A troca (e a sociedade) imaginada por Walras é uma estilização indevida da troca (e da sociedade) capitalista, já que dela abstrai sua dimensão mais importante: a da valorização.

Partindo das "curvas de utilidade" e das quantidades possuídas por dois "permutadores", Walras caracteriza o "preço de equilíbrio" como aquele para o qual "a demanda efetiva total é igual à oferta efetiva total" e os "permutadores" obtêm "a maior satisfação de suas necessidades" (ibidem, p.67). Da mesma forma, é possível, segundo Walras, determinar os preços de equilíbrio na "troca de várias mercadorias entre si": preços únicos, para os quais a "oferta e a demanda

---

8 Ademais, para Walras (1983, p.111), "as terras são capitais naturais [...], as pessoas também são capitais naturais" e "os capitais propriamente ditos são capitais artificiais".

efetiva" são iguais e a satisfação dos "permutadores" é máxima. Estabelecido o equilíbrio no "mercado de produtos", Walras determina os preços de equilíbrio no "mercado de serviços", de modo que, mais uma vez, oferta e demanda são iguais, a satisfação dos "agentes" é máxima e "o preço de venda dos produtos é igual a seu preço de custo em serviços" (ibidem, p.135). Determinam-se, então, os preços de equilíbrio dos bens de capital e, por fim, os preços de equilíbrio do "capital circulante" e do dinheiro.[9]

O objetivo da construção de Walras é "demonstrar cientificamente" que, sob o regime da livre concorrência, a economia tende a uma posição de equilíbrio: em sua visão, o exercício desimpedido da competição nos distintos mercados conduz ao estabelecimento simultâneo de preços únicos, para os quais as quantidades ofertadas e demandadas se igualam e os agentes obtêm a satisfação ou utilidade máxima.[10]

Segundo Screpanti e Zamagni (1995, p.165),

O problema central da teoria de Walras é o de mostrar como as trocas voluntárias entre indivíduos, que são *bem-informados* (cada qual é

---

9 Referindo-se à "estrutura teórica pura walrasiana", Schumpeter observa que "o primeiro andar desse edifício é a teoria do 'mercado' de bens de consumo. No segundo andar se encontra a teoria da produção e do 'mercado' de serviços produtivos, que não está separado do primeiro mercado, mas a ele integrado. No terceiro andar se encontra o 'mercado' de bens de capital, também integrado com os outros dois. E no quarto andar existe outro 'mercado', não menos integrado com os três anteriores, que é o do 'capital circulante', ou seja, dos estoques de bens [...] necessários para manter o processo em funcionamento [...]. Com os estoques aparece o dinheiro" (Schumpeter, 1971, p.1109-1011).

10 Ao final da Lição XXIII, Walras (1983, p.167) sintetiza os resultados obtidos nos mercados de produtos, de serviços e de "capitais" (bens de capital): "Utilidade efetiva máxima, de um lado; de outro, unidade de preço, quer dos produtos no mercado de produtos, quer dos serviços no mercado de serviços, quer do rendimento líquido no mercado de capitais: essa é sempre, portanto, a dupla condição segundo a qual tende a se ordenar por si próprio o mundo dos interesses econômicos, assim como a atração na razão direta das massas e na razão inversa ao quadrado das distâncias, é a dupla condição segundo a qual se ordena por si próprio o mundo dos movimentos astronômicos. Tanto de um lado quanto de outro, uma fórmula em duas linhas contém toda a ciência e fornece a explicação de uma multidão inumerável de fatos particulares".

AS IDEIAS E OS FATOS

perfeitamente consciente dos termos de suas escolhas), *autointeressados* (cada um pensa apenas em si mesmo) e *racionais* (cada um trata de maximizar seus objetivos), levam a uma organização sistemática da produção e da distribuição da renda que é eficiente e mutuamente benéfica. Nisso reside a peculiaridade do problema: a única forma de interação social admitida é a realizada no mercado através de trocas voluntárias. Nem os sindicatos, nem os grupos de pressão, nem os cartéis de empresas, nem outros tipos de grupos sociais são admitidos, já que violariam um requisito fundamental do modelo de equilíbrio econômico geral: o da concorrência perfeita.

A dimensão liberal em Walras é notória: o "mundo dos interesses econômicos tende a se ordenar por si próprio", da mesma maneira que o "mundo dos movimentos astronômicos". O equilíbrio é o estado nocional para o qual, livre em seu funcionamento, converge o sistema econômico. As forças naturais do mercado atraem o sistema à posição de equilíbrio, ainda que este nunca seja, de fato, alcançado. Em suas palavras, assim

> [...] é o mercado permanente, tendendo sempre ao equilíbrio sem nunca o atingir, devido ao fato de para ele se encaminhar apenas por meio de tentativas, e antes mesmo de essas tentativas serem completadas, devem ser recomeçadas [...]. A esse respeito, tudo se passa no mercado como se este fosse um lago agitado pelo vento, onde a água sempre busca o equilíbrio, sem jamais atingi-lo. Entretanto, há dias nos quais a superfície do lago é quase horizontal; mas não há um só em que a oferta efetiva dos serviços e dos produtos seja igual à sua demanda efetiva e em que o preço de venda dos produtos seja igual ao seu preço de custo em serviços produtivos". (Walras, 1983, p.208)

A pretensão de Walras redunda, destarte, na mera reafirmação do axioma da "mão invisível": espontaneamente, a livre interação dos "agentes" no mercado conduz o sistema econômico a uma situação de equilíbrio. A "novidade" reside na apresentação do velho axioma sob a forma da formalização matemática, de modo a lhe dar uma suposta "respeitabilidade científica". A "Economia Política Pura" de Walras – independentemente dos numerosos atropelos conceituais de sua construção – constitui uma abstração completamente indevida. Como já observamos, as relações sociais subjacentes ao processo econômico são em seu todo naturalizadas e não existe nenhuma hierarquia entre os participantes de tal processo. As dimensões especificamente capitalistas são dissolvidas em um sistema expandido de trocas (que é como Walras entende o capitalismo), o que permite ao autor tratar de maneira estritamente "organizacional" a função do empresário e a desconsiderar por completo o papel central do dinheiro (mais além da função de meio de circulação) na economia capitalista.[11]

A reverência (e a leniência) de Schumpeter em relação a Walras é conhecida. Sua tentativa de estabelecer um "diálogo" entre o equilíbrio walrasiano e a percepção keynesiana da instabilidade do capitalismo é, entretanto, inaceitável:

> [...] os economistas que desejam afirmar a existência na economia capitalista de uma tendência a produzir um desemprego perene não têm nada a temer de uma demonstração, *praticada a tão alto nível de abstração*, de que o equilíbrio perfeito em condições de concorrência perfeita implicaria pleno emprego. Pela mesma razão, a demonstração (walrasiana) tampouco nada tem a temer da universalidade do desemprego em um mundo que não está nunca em equilíbrio perfeito e nem em concorrência perfeita. (Schumpeter, 1971, p.1115, nota 171, grifo nosso)

Não existe a menor possibilidade teórica de harmonia ou convivência entre a tradição walrasiana e a tradição keynesiana. Trata-se de visões opostas sobre o funcionamento do capitalismo. A questão não reside (como supõe Schumpeter), portanto, no distinto *nível* de abstração existente entre Walras e Keynes, mas na distinta *natureza*

---

11 No "modelo de equilíbrio geral walrasiano", observa Canuto (in Carneiro, 1997, p.207), "a moeda não cumpre qualquer posição como reserva de valor, como forma peculiarmente líquida de preservação da riqueza".

AS IDEIAS E OS FATOS

da abstração empreendida por cada um dos autores.[12] A abstração da "Economia Política Pura" tem o objetivo explícito de reduzir as relações econômicas a relações de grandeza (quantidades), de modo a obter, a partir daí, soluções de maximização. No limite, o procedimento de Walras é aplicável a qualquer disciplina que se venha supor redutível a grandezas (a Psicologia, por exemplo[13]). O fato é que, em suas mãos, a Economia se converteu em uma disciplina matemática.[14] Tanto é assim, que as questões mais delicadas suscitadas por sua obra (a demonstração da existência, da unicidade e da estabilidade do equilíbrio) foram questões matemáticas, e não econômicas.

---

12 Keynes, ademais, nunca afirmou que a livre concorrência conduziria a economia ao pleno emprego.

13 Se se supõe possível a medição da utilidade ou da "intensidade da última necessidade satisfeita", é possível supor também a medição do prazer, da dor, do desejo, da angústia, do medo, da frustração, da culpa etc. Obviamente, o resultado desse procedimento será a construção de uma péssima Psicologia!

14 De nada adianta considerar a existência da "Economia Aplicada" e da "Economia Social", como o faz Walras, já que seus elementos essenciais são dados, matematicamente, na "Economia Pura".

ECONOMIA POLÍTICA[1]

O NASCIMENTO DA ECONOMIA POLÍTICA

Observou-se, anteriormente,[2] que as transformações que sacudiram a sociedade europeia a partir do desmantelamento do regime feudal, entre os séculos XVI e XVIII, são conexas à expansão do comércio e à formação dos Estados nacionais. O Absolutismo, ancorado na hegemonia do capital comercial, desenhou aí a política econômica ajustada a seus fins: o mercantilismo. Capital comercial, Absolutismo e mercantilismo conformavam, em tal contexto, uma unidade indissociável.

Importa destacar que a articulação entre esses elementos implicava *um padrão de regulação de natureza essencialmente extraeconômica*. Enquanto as relações mercantis e capitalistas não haviam ainda abarcado o conjunto da produção e da vida social, a Economia permanecia, a rigor, escrava da política: as condições econômicas não se

---

1 Publicado em *Dicionário de Políticas Públicas* (Giovanni e Nogueira, 2013, p.300-306).
2 Ver tópico "O nascimento da Economia Política" (página 15).

repunham de uma maneira automática. A reprodução necessitava da intervenção sistemática e recorrente do Estado. Em tais circunstâncias, a reflexão sobre a Economia era a reflexão sobre um objeto que ainda não havia se constituído de modo independente. Pensá-la nessa conjuntura era, no fundo, pensar os meios práticos de fortalecer o poder do Estado. A Economia não se configurava ainda como um domínio específico de investigação.

Para que viesse a alcançar um estatuto próprio, e fosse pensada enquanto tal, duas condições básicas tiveram de se colocar. *Primeiro, foi necessário que a produção mercantil se generalizasse.* Isso somente ocorreu sob o regime do capital, fenômeno que se consolidou a partir da Revolução Industrial inglesa, na segunda metade do século XVIII.

Segundo, foi necessário que a reflexão se emancipasse das amarras da explicação religiosa, processo que remonta à emergência do racionalismo e ao desenvolvimento das "ciências da natureza". Dentre as múltiplas dimensões do racionalismo, uma em particular será de especial importância para explicar o desenvolvimento (na verdade, o nascimento) da reflexão econômica: a ideia de ordem natural e de leis naturais. A transposição da forma de investigação dos fenômenos naturais para o terreno da sociedade (a descoberta de suas "leis naturais") irá marcar, para sempre, os rumos da Economia Política.

OS DESDOBRAMENTOS DA ECONOMIA POLÍTICA A PARTIR DE ADAM SMITH

Inquestionavelmente, Adam Smith (1723-1790) fundou a Economia Política. Sua obra maior, *A riqueza das nações*, foi lançada em 1776. É certo que Smith teve inúmeros precursores (William Petty, David Hume, François Quesnay, entre outros) que já haviam se dedicado à análise sistemática das relações econômicas. Contudo, foi somente a partir de *A riqueza das nações* que a Economia Política assumiu contornos próprios e definidos. Não é exagero afirmar que as grandes questões tratadas por Smith se tornaram as referências centrais das discussões econômicas do século XIX.

AS IDEIAS E OS FATOS

Smith é apontado por muitos como a referência mais ilustre do liberalismo econômico. Segundo seu veredicto, existe uma tendência humana natural e espontânea à troca, que confere à produção de mercadorias (e ao capitalismo) uma existência "natural". Para o filósofo e economista, a busca de vantagens pessoais, motivada pelo egoísmo dos homens, faz girar a roda da concorrência e o resultado é uma divisão do trabalho cada vez mais ampla. A divisão do trabalho, por sua vez, confunde-se com a prosperidade, que será tão maior quão menor for a interferência governamental. De acordo com seu consagrado princípio da "mão invisível", a interação espontânea entre os indivíduos, qualquer que fosse sua motivação, sempre redundaria em uma ordem virtuosa. Virtuosismo que só não seria alcançado quando a intervenção do Estado – à maneira das práticas mercantilistas – se sobrepusesse ao automatismo da vida social. Na sociedade, assim como na natureza estudada por Newton, prevaleceria, assim, a tendência ao equilíbrio. A lei cega da regulação do mercado teria a mesma eficácia da lei da gravidade. Os distúrbios que porventura existissem seriam, por definição, passageiros, já que o sistema disporia de propriedades imanentes que o reconduziriam automaticamente a uma situação de repouso e equilíbrio.[3]

A partir de tais supostos estruturou-se uma poderosa vertente da reflexão econômica que – ancorada na lógica da maximização dos indivíduos ou dos consagrados "agentes econômicos" – sempre pretendeu dar fundamentos naturais ao capitalismo e exaltar, ao mesmo tempo, os auspiciosos resultados que supostamente decorreriam da livre operação dos mercados. De início, com Jeremy Bentham (1748-1832), Jean-Baptiste Say (1767-1832) e William Senior (1790-1864), é nítida a preocupação em atribuir uma conotação sempre *natural e a-histórica* ao capitalismo (o valor como resultado de uma percepção estritamente sensorial dos indivíduos, o lucro como "prêmio pela abstinência"), em suprimir as falhas sistemáticas de seu funcionamento (em particular, ao negar a recorrência das crises) e em

---

3 Ver tópico "As conexões e os dilemas da 'mão invisível'" (página 19).

reafirmar a presumida tendência da economia capitalista a se mover em direção ao equilíbrio.

Se é verdade que a visão liberal da Economia encontrou em Smith uma de suas principais fontes de inspiração, não é menos verdade que os grandes economistas políticos do século XIX – David Ricardo (1772-1823), Thomas Malthus (1766-1834) e John Stuart Mill (1806-1873) – são herdeiros intelectuais de Smith. Foi ele quem, pioneiramente, definiu qual deveria ser o objeto de investigação da Economia Política. Em face da transformação avassaladora produzida pelo avanço do capitalismo, era essencial desvendar o enigma das trocas; proporcionar uma explicação para os salários, os lucros, a renda da terra e os juros; esclarecer o significado da moeda e a função do crédito; descobrir o sentido e entender os limites da acumulação capitalista; sugerir políticas para a tributação; apontar as linhas da intervenção governamental; discutir as relações entre as classes sociais e identificar as transformações estruturais que se esboçavam com o advento da nova ordem econômica. Tais questões foram, em grande medida, antecipadas por Smith, e sobre elas a Economia Política se debruçou na primeira metade do século XIX.

David Ricardo, por exemplo, localizou nos rendimentos decrescentes da produção agrícola a razão última da queda dos lucros na indústria e do crescimento da renda da terra na agricultura. Em sua cruzada pela revogação das Corn Laws (1816-1846) – que gravavam a importações de cereais –, converteu-se no crítico dos proprietários rurais e no apóstolo da liberdade do comércio internacional, perspectiva claramente ajustada aos interesses da indústria inglesa. Malthus, de sua parte, em contraposição ao princípio estabelecido por Say de que "toda oferta cria sua própria procura", observou que as crises de superprodução eram antes a norma do que a exceção no capitalismo. Daí a importância, em sua avaliação, do chamado "consumo improdutivo", particularmente da demanda proveniente das classes proprietárias rurais. Stuart Mill, o principal economista político da Era do Capital (1848-1875) – período em que a Inglaterra se converteu na "oficina do mundo" –, procurou estabelecer uma síntese das discussões travadas na primeira metade do século XIX e prognosticou

AS IDEIAS E OS FATOS

um "estado estacionário", em que a abundância da riqueza praticamente eliminaria os estímulos à futura acumulação de capital. Este não seria, contudo, um estado de decadência, mas um novo estágio na vida das sociedades, em que as conquistas decorrentes do progresso econômico resultariam na "melhoria considerável de nossa condição".

Os economistas políticos do século XIX tinham, portanto, uma preocupação comum: desvendar a natureza do capitalismo triunfante e assinalar as principais tendências que se anunciavam para o futuro. Sua construção teórica viria sofrer um duplo questionamento: de um lado, com Marx, que, em uma profunda e alentada crítica de seus pressupostos, iria inaugurar um novo paradigma de compreensão para o capitalismo; de outro lado, com a chamada Revolução Marginalista, que, em sua pretensão de converter a Economia em uma "ciência", optou por uma limitação explícita do objeto de reflexão.

MARX E A CRÍTICA DA ECONOMIA POLÍTICA

Ninguém desnudou de modo tão contundente quanto Kar Marx (1818-1883) a "vocação" dos economistas políticos (e, sobretudo, dos chamados "economistas vulgares") para naturalizar as relações econômicas. A Economia Política, na avaliação de Marx, havia cometido um pecado capital ao considerar o capitalismo uma forma natural e eterna (e, portanto, a-histórica) da produção social. *O fundamento de sua crítica repousa exatamente no esforço em demonstrar a dimensão social e historicamente determinada das relações capitalistas e das categorias econômicas que lhes são subjacentes.* Marx esclarece que – em uma sociedade onde o nexo entre os produtores se dá mediante a troca – o valor, longe de ser uma propriedade *natural* dos produtos do trabalho, é antes sua forma de existência *social*. O atributo da sociabilidade, de sua parte, irá se projetar no dinheiro, pois somente por meio de sua transformação em dinheiro os produtos do trabalho se realizam e se afirmam como parte alíquota do trabalho social.

Quando o dinheiro se converte em capital, ele deixa de ser simplesmente uma "substância social comum" aos produtos do trabalho;

converte-se em uma "substância progressiva", no "sujeito de um processo", cuja finalidade é o próprio processo. A transfiguração da lei do valor em lei de valorização significa que a "valorização do valor" converte-se na norma que irá regular o movimento da produção social. A reprodução e a ampliação das condições materiais da sociedade passam a se dar, portanto, por meio da valorização do capital.

No capitalismo, a expansão quantitativa do valor se torna a finalidade de todo o processo de produção. D-D', dinheiro que produz mais dinheiro, é a fórmula suprema que capta, segundo Marx, a essência do capitalismo. As determinações da valorização passam a comandar e subordinar as transformações materiais do processo produtivo. Desse modo, o movimento autocentrado de valorização do valor rebate sobre o desenvolvimento das forças produtivas, adequando a base técnica ao conteúdo capitalista da produção. Assim, com a grande indústria erigida sob a base da maquinaria a produção capitalista encontrou seu veículo material apropriado. A implantação de *forças produtivas especificamente capitalistas* determinou, destarte, a subordinação *real* do trabalho ao capital e assegurou, ao mesmo tempo, as condições necessárias à *autodeterminação da acumulação de capital*. Vale dizer: a acumulação de capital deixou de encontrar entraves "externos" à sua expansão, e seus limites passaram a ser dados unicamente pela própria relação do capital consigo mesmo. A fórmula D-D' culmina, na análise pioneira de Marx, na formulação do conceito de *capital fictício*: títulos, em princípio representativos do *capital em funções*, passam a ter circulação e valorização próprias, o que não apenas obscurece a percepção das conexões internas do regime de produção, mas também agrava a instabilidade característica de seu movimento. As crises então passam a decorrer não apenas das vicissitudes da acumulação produtiva, como também se veem, ademais, sobredeterminadas pelas folias especulativas do capital fictício. Salta aos olhos a atualidade dessa reflexão!

A partir de sua análise do *regime do capital*, Marx esclareceu o triplo caráter dessa forma historicamente determinada de produção: um caráter antagônico, progressivo e contraditório. *Antagônico* pela própria relação social que lhe é subjacente: o capital se funda, segundo Marx, na apropriação do tempo de trabalho, contrapõe-se de modo

AS IDEIAS E OS FATOS

hostil ao trabalhador e o reproduz reiteradamente como trabalhador assalariado. *Progressivo*, porque seu objetivo, a valorização máxima, implica o desenvolvimento máximo das forças produtivas (a incorporação permanente da ciência), a crescente diferenciação e sofisticação da estrutura produtiva, a ampliação dos mercados, o crescimento das escalas de produção, a centralização e a internacionalização. *Contraditório*, porque o movimento expansivo tropeça em barreiras internas ao próprio capital. Este, na busca fanática do lucro, ultrapassa, de modo recorrente, suas possibilidades de realização como *valor*-capital. Isso significa que a aceleração da acumulação leva à crise, e esta, através da desvalorização e da expulsão de parcela dos capitais em ação, tende a recriar – em bases cada vez mais centralizadas – as condições para a retomada da acumulação.

Com sua análise, Marx esclareceu as tendências essenciais do capitalismo. Ao mesmo tempo, desferiu um golpe mortal na *percepção naturalizada* que a Economia Política havia até então forjado para as categorias econômicas. Estas, em vez de exprimirem relações sociais, haviam sido reduzidas pela Economia Política a suas dimensões estritamente naturais. O produto do trabalho, em si e por si, havia sido *naturalmente* erigido à condição de mercadoria. O capital, em si e por si, havia se tornado um fator instrumental da produção que *naturalmente* produzia o lucro. O dinheiro, fetiche maior, parecia ter o dom *natural* de se multiplicar. O esforço de Marx foi o de desvendar as conexões internas, sociais, que haviam sido desconsideradas pela Economia Política, demonstrando como e por que as coisas assumiam propriedades "mágicas" aos olhos do público e dos economistas.

A "CIÊNCIA ECONÔMICA" EM CONTRAPOSIÇÃO À ECONOMIA POLÍTICA

O capital de Marx veio à luz em 1867. Apenas três anos depois eclodiu a chamada Revolução Marginalista, com Jevons (1835-1882), Menger (1840-1921) e Walras (1834-1910). A proposta explícita de tais autores foi a de transformar a Economia em uma "ciência". A entronização da nova abordagem deveria alcançar ao menos um objetivo nítido: depurar a explicação econômica de toda e qualquer conotação conflitiva. Para tanto, era necessário recolocar o "indivíduo" no centro do "sistema econômico". Segundo a avaliação dos formuladores da "nova ciência", David Ricardo, os "socialistas ricardianos" e Marx já haviam ido longe demais. Suas explicações econômicas, ao final, sempre justificavam ou alimentavam a confrontação das classes. A operação a ser realizada, nesse contexto, consistia na configuração de uma nova explicação econômica. Uma explicação que eliminasse de vez as classes sociais do cenário econômico e que promovesse, portanto, a *despolitização* do objeto de investigação. Redescobre-se assim o "indivíduo" e é a partir de suas pulsões, desejos e necessidades que se constrói o novo edifício teórico. O "homem econômico racional", este ser calculista que não pertence à classe social alguma, nasce precisamente no âmbito desse movimento anticlássico de redescobrimento do indivíduo.

A realidade econômica, contudo, não poderia ser simplesmente reduzida aos indivíduos. Sua complexidade requeria uma agregação que respeitasse, de alguma maneira, a lógica individual da maximização. Assim surgem os "agregados sociais mínimos", as famílias e as empresas, submetidas aos imperativos "racionais" da maximização respectiva da utilidade ou dos lucros. Indivíduos, famílias e empresas – os consagrados "agentes econômicos" – convertem-se então nos novos atores da cena econômica.

Por outro lado, era necessário restaurar a naturalidade das relações econômicas. Não só a velha ideia da "ordem natural" reaparece com nova roupagem, mas o próprio objeto da Economia passa a ser a consideração técnica, natural, a-histórica, da "alocação de recursos escassos entre fins alternativos". A explicação do funcionamento do capitalismo, dessa forma, fica subordinada a uma abordagem técnica e atemporal, em que o particular, o específico, o caracteristicamente social, simplesmente desaparece. Foi exatamente este o resultado pretendido pela "ciência econômica": esvaziar a explicação econômica de qualquer conteúdo histórico, social ou político.

Desse modo, as preocupações dos economistas políticos clássicos e de Marx foram sumariamente descartadas. A "nova ciência"

AS IDEIAS E OS FATOS

promoveu um estreitamento intencional do campo de reflexão. As grandes questões dos economistas políticos foram facilmente esquecidas: a análise da alocação se sobrepôs à discussão acerca da acumulação. Perquirir sobre as possibilidades de o sistema de preços produzir uma situação que atendesse aos requisitos simultâneos de "maximização dos agentes", de modo a promover a "alocação ótima" dos recursos, passou a ser um dos temas centrais da investigação econômica. Era absolutamente previsível, nesse contexto, que o dinheiro – objetivo crucial do capitalismo – fosse reduzido à condição de um ativo instrumental qualquer (neutralidade da moeda) e que o axioma da "mão invisível" ressurgisse em sua plenitude sob a forma da presumida tendência da economia capitalista sempre se mover em direção ao equilíbrio.

Para a "nova ciência", o objeto de investigação deveria ser um objeto natural. E ao lidar com um objeto natural, a "ciência econômica" deveria ser entendida – e desenvolvida – como uma ciência exata, à maneira da Matemática e da Física. Segundo Jevons (1997, p.625), por exemplo, "lidando, como a Ciência o faz, com quantidades, a Economia deve necessariamente ser uma ciência matemática", ponto de vista comungado por Walras (1983, p.23), para quem a Economia "é uma ciência em tudo semelhante às ciências físico-matemáticas".

Foi com base em tais pressupostos que Jevons, Menger e Walras – e uma legião de economistas que os sucederam –, buscaram transformar o estudo das relações econômicas e sociais em uma "ciência da maximização". O sucesso de sua construção teórica não resistiu às transformações e, sobretudo, às contradições do capitalismo. A Grande Depressão de 1929-1933 colocou por terra a hipótese tão cara aos "cientistas econômicos" de que a Economia (capitalista) está sempre nocionalmente direcionada ao "equilíbrio ótimo".

Foi necessária a excepcional percepção analítica de John Keynes (1883-1946) para que a fragilidade dos fundamentos da "ciência econômica" fosse, por fim, reconhecida. Keynes demonstrou, de maneira clara, que a incerteza quanto ao futuro introduz um vetor de instabilidade irrecorrível no cálculo capitalista. Quando as expectativas são favoráveis, bancos e empresas se mobilizam na criação da riqueza nova. Quando sobrevém o pessimismo, todos correm para o dinheiro: os bancos contraem o crédito e as empresas postergam suas decisões de investimento. O peso da riqueza velha – expresso no desejo generalizado de não abrir mão da liquidez – se sobrepõe à criação da riqueza nova. As flutuações do emprego e da renda que daí decorrem somente podem ser atenuadas pela ação decidida do Estado. Para Keynes, nem o dinheiro é neutro nem a economia capitalista está nocionalmente direcionada ao equilíbrio.

Ao se analisar, em retrospecto, a trajetória da reflexão econômica, uma conclusão se torna inevitável: as contribuições de Marx e Keynes ainda permanecem como referências teóricas centrais para uma compreensão mais profunda das tendências de comportamento da economia capitalista.

MARIA DA CONCEIÇÃO TAVARES E O PENSAMENTO ECONÔMICO[1]

Todos os grandes têm que ser relidos sempre, porque eles colocam problemas que são do capitalismo desde a sua fundação. "Ah, mas ele evolui!". Sim, sabemos que evolui, mas o fato de evoluir não quer dizer que os princípios fundamentais que cada um está discutindo sumiram. São grandes por quê? Porque disseram alguma coisa extremamente relevante sobre um fundamento do capitalismo, senão não teriam nada de grande. Eu lá sou grande em alguma coisa! Imagina se sou alguém aqui! (Maria da Conceição Tavares)[2]

I

Maria da Conceição Tavares é, seguramente, uma das principais expoentes de uma tradição. Uma tradição que – partindo das reflexões de Marx, Keynes, Kalecki e Schumpeter – repudia os axiomas da autorregulação dos mercados e do

---

1 Artigo escrito em comemoração ao aniversário de 70 anos da professora Maria da Conceição Tavares.

2 Biderman, Cozac e Rego (1996, p.147).

equilíbrio geral. Nas páginas anteriores já se discutiu a origem dos referidos axiomas, a crítica implacável de Marx, bem como o renascimento dos velhos dogmas, a partir da construção e da entronização da chamada "ciência econômica".

II

Quando Keynes publicou a *Teoria Geral* em 1936, o referencial teórico fundamental da reflexão econômica era o do equilíbrio geral. As contribuições de Jevons, Walras e Menger haviam sido incorporadas e aprimoradas pelo pensamento econômico dominante. A ideia central, contudo, ainda era a "mão invisível" de Smith. Entre a "mão invisível" e o "lago agitado pelo vento" de Walras,[3] não existe, a rigor, diferença alguma. Para este último, o "mundo dos interesses econômicos tende a se ordenar por si próprio" da mesma maneira que o "mundo dos movimentos astronômicos". O equilíbrio é o estado nocional para o qual, livre em seu funcionamento, converge o sistema econômico. As forças naturais do mercado atraem o sistema à posição de equilíbrio, ainda que este nunca seja, de fato, alcançado.

É importante insistir nesse aspecto. Ao se aceitar a existência de um automatismo imanente que conduz o sistema a uma posição de equilíbrio – ao se conceber este como o estado nocional, natural da economia capitalista – as situações críticas ou disruptivas somente poderão ser explicadas a partir da falha circunstancial dos mecanismos equilibradores do mercado. Se o imaginado equilíbrio não se verifica – se o lago walrasiano permanece sempre agitado! –, a explicação inevitável é que existem "fontes de rigidez", "inflexibilidades", "fricções", "distúrbios", "disfunções" ou "desajustes" que se sobrepõem à estrutura da Economia e impedem o funcionamento espontâneo das forças do mercado. É assim com a rigidez dos salários em Pigou, Modigliani e Patinkin; é assim com a gestão inadequada da política monetária ou a ilusão monetária dos trabalhadores em Friedman; é

---

3 Ver tópico "Walras" (página 41).

AS IDEIAS E OS FATOS

assim com as fontes "estruturais" de rigidez nos mercados de trabalho ou produtos dos "novos keynesianos", e é assim, também, com as "informações imperfeitas" (porém, cada vez mais perfeitas) dos "novos clássicos". Segundo estas escolas, a economia capitalista sempre gravita em torno de uma posição de equilíbrio; só não há *market clearing* se existir alguma anomalia na operação normal dos mecanismos de mercado.

Tal conclusão é completamente oposta à percepção de Keynes. Já em 1926, este observou:

> O mundo não está de tal forma governado desde o alto como para que os interesses privados e sociais coincidam sempre. Não está manejado, aqui abaixo, de modo a que, na prática, tais interesses coincidam. Não é uma dedução correta dos princípios da Economia que o interesse dos instruídos opere sempre em favor do interesse público. Nem é seguro que aquele interesse seja geralmente instruído. (Keynes, 1988, p.290)

Para Keynes, o "desemprego involuntário" sempre decorreu das características do cálculo capitalista e não da presumida inflexibilidade dos salários nominais e/ou dos preços. Mais ainda: na medida em que tal cálculo se apoia em fundamentos frágeis, a economia capitalista "está sujeita a mudanças repentinas e violentas" (Keynes, 1978, p.172), o que significa que o "equilíbrio" é uma referência inadequada para o entendimento da realidade. Suas advertências, contudo – assim como as de Kalecki –, sempre foram recusadas ou descaracterizadas pela reflexão dominante.

Pigou já havia afirmado em 1933 que:

> [...] sempre haverá uma tendência a que as taxas de salário sejam ligadas à demanda de trabalho *de tal forma que todos estejam empregados*. A implicação disso é que o desemprego existente, em qualquer momento, é inteiramente devido ao fato de que mudanças na demanda de trabalho ocorrem continuamente e que *fricções* impedem que ocorra o ajuste apropriado de salários instantaneamente. (Ferreira, 1997, p.10, grifos nossos)

Modigliani (1944) ao comentar o "resultado keynesiano" de "equilíbrio aquém do pleno emprego" observa que este *se deve inteiramente à hipótese de salários rígidos*" (Modigliani in Willians e Huffnagle, 1969, p.277, grifo nosso). Patinkin (1948), ao demonstrar a eficácia do "efeito Pigou" (cuja pré-condição é a flexibilidade dos salários nominais[4]), afirma claramente que "uma formulação da posição clássica capaz de se impor deve demonstrar *a existência de algum mecanismo automático que sempre proporcione o pleno emprego*" (Patinkin in Mueller, 1971, p.240, grifo nosso). O longo prazo de Friedman é, explicitamente, o mundo walrasiano do equilíbrio geral: "é uma construção lógica que define a norma ou tendência da qual o mundo real está sempre se desviando, *mas ao qual ele tende a retornar ou em torno do qual ele tende a flutuar*" (Ferreira, 1997, p.102). Nesse longo prazo nocional e axiomático, a moeda é neutra, não existe a preferência pela liquidez por causa da especulação,[5] as políticas ativas são inócuas, o desemprego se estabiliza em sua "taxa natural" (curva de Phillips vertical) e os agentes deixam de errar.[6]

A construção "novo keynesiana", ao centrar a explicação do desemprego na existência de "fontes de rigidez" permanece, ela mesma, prisioneira da referência do equilíbrio: "para os novos keynesianos, a existência de desemprego caracteriza uma situação de desequilíbrio econômico, *resultante da presença de fontes de rigidez que, se removidas, deixariam a Economia se ajustar no nível de* market clearing [...]" (Ferreira, 1997, p.83, grifo nosso). Os "novos clássicos", por fim,

---

4 "A condição básica para que o 'efeito Pigou-Patinkin' possa operar, assim como para Modigliani, é que os salários nominais sejam flexíveis. Estando a Economia fora do pleno emprego, haveria no sistema uma tendência à queda dos salários nominais e ao consequente processo deflacionário. A queda de preços provocaria, dada a quantidade de moeda do sistema, um aumento dos encaixes reais. Isso tenderia a reduzir a poupança dos agentes e aumentar o consumo. O aumento dos gastos de consumo, por si, seria capaz de levar a Economia à posição de pleno emprego de fatores" (Ferreira, 1997, p.54).

5 "Na versão friedmaniana, retira-se a dimensão especulativa da função demanda de moeda no equilíbrio de longo prazo, tornando-a incompatível com aquela formulada por Keynes" (Caporale Madi in Carneiro, 1997, p.224).

6 "A contribuição de Friedman é mais uma tentativa de inserir a moeda em um modelo de equilíbrio geral, tornando-a neutra no longo prazo" (ibidem, p.231).

AS IDEIAS E OS FATOS

ancorados na hipótese de expectativas racionais, radicalizaram a própria eficácia da "mão invisível": os "agentes" são portadores da racionalidade do modelo, não há erro sistemático, a ideia keynesiana de incerteza desaparece de cena e toda trajetória do sistema econômico reflete posições de equilíbrio.[7] As situações "ótimas" são sempre repostas, não existe o desemprego involuntário[8] e as políticas ativas – por serem sempre antecipadas pelos agentes – são essencialmente inoperantes, restando a elas tão somente "prover ao setor privado da Economia um ambiente estável e previsível" (Ferreira, 1997, p.125). Mais uma vez, e sempre, o automatismo do mercado estabelece normas de regulação insubstituíveis: *il mondo va da se...*

III

A perspectiva de Maria da Conceição Tavares é radicalmente distinta. Sua convicção sempre foi a de que o paradigma do equilíbrio e da autorregulação dos mercados é um instrumento inadequado para descrever ou analisar a realidade do capitalismo. Em sua avaliação, o que existe é: "a 'impossibilidade' de autorregulação pela concorrência dos capitais, já que o sistema [...] se torna cada vez mais arbitrário, menos autorregulável pela força destruidora de sua expansão. Sua regulação se torna, pois, cada vez mais política" (Tavares, 1978, p.62).

Dentre os múltiplos aspectos de sua obra, destaca-se a síntese criativa das contribuições de Marx, Keynes, Kalecki e Schumpeter. A partir de Marx, existe uma clara percepção do capitalismo como um regime expansivo, guiado pela valorização da riqueza abstrata, antagônico em sua estruturação e contraditório em seu movimento. Com Keynes, existe a compreensão de que uma economia monetária, fundada na

---

7 Para os novos clássicos, "todos os níveis de emprego e produto caracterizam pontos de equilíbrio – no sentido de serem consistentes com os procedimentos de otimização individuais dos agentes" (ibidem, p.107).

8 "O conceito de desemprego e, em particular, o de desemprego involuntário, perde completamente o sentido nessa vertente teórica, na qual os agentes maximizam, mercados se equilibram e vige o equilíbrio geral walrasiano" (ibidem, p.124).

incerteza, é constitutivamente instável: "a prática de calma e imobilidade, de certeza e segurança rompe-se de repente" (Keynes, 1937, p.172). A formulação kaleckiana do princípio da demanda efetiva é a base da contestação rigorosa dos dogmas do ponto de vista "clássico" e a referência essencial (por meio da releitura dos esquemas trissetoriais) para os propósitos de análise dinâmica. A ótica do "vendaval perene da destruição criadora" de Schumpeter alimenta, por fim, a certeza de que o "problema relevante" não é como o capitalismo "administra as estruturas existentes", mas "como as cria e destrói" (Schumpeter, 1978, p.121-122).

Maria da Conceição Tavares percorre, entre tantos, esses grandes autores e, a partir deles, formula novas questões. Ao se contrapor às explicações neorricardianas e neomarxistas, sua conclusão é que: "o capital é 'uma contradição em processo', que tende 'lógica' e historicamente para o seu 'conceito', para sua 'forma mais geral e aparente' que se afasta cada vez mais de sua 'origem', o valor-trabalho" (Tavares, 1978, p.50).

Daí decorrem algumas implicações. De um lado, a tendência característica do capitalismo à negação do trabalho (tantas vezes assinalada por Marx) reforça a *impossibilidade teórica* de reduzir o movimento real do capital a suas determinações conceituais. Isso significa que os esforços em reduzir o lucro capitalista ao "sobretrabalho", em descobrir "horas de trabalho" por detrás dos "preços de produção" ou dos preços de mercado, em analisar o movimento do capitalismo a partir da operação persistente da "lei de tendência" ou em utilizar os "esquemas de reprodução" com intuitos dinâmicos – tais esforços são, por definição, problemáticos do ponto de vista teórico. Em outras palavras, se é verdade que o capitalismo se funda em uma relação de exploração – se ele se contrapõe "de modo hostil e antagônico" (Marx) ao trabalhador[9] – não é verdade que o "movimento

---

9 "A base da teoria do valor explicita o que é fundamental nas relações de produção capitalistas, a saber: que o capital comanda o processo social de trabalho e submete os trabalhadores de um modo peculiar, que não requer a violência física e os 'obriga' a trabalhar 'voluntariamente' como 'trabalhadores livres' não apenas para sua

AS IDEIAS E OS FATOS

real do capital" (e com ele os preços, os lucros, os salários, os juros etc.) seja redutível a [...] horas de trabalho. Ao contrário do que se possa supor, isso não significa o "abandono" da "lei do valor", mas a sua própria realização enquanto "lei de valorização" (Belluzzo, 1978; Mazzucchelli, 1985).

Mais ainda, se "dar à produção um caráter científico é, por fim, a tendência do capital, e se reduz o trabalho a um mero momento desse processo" (Marx, 1973, p.221), se o capital, como observa Marx, *cria tanto a demanda quanto a oferta de força de trabalho*, é impensável pretender explicar as inflexões da acumulação pelo movimento dos salários (*profits squeeze*). Maria da Conceição Tavares (1978, p.20) é enfática a respeito:

> A elevação da taxa de salário não pode parar a acumulação, salvo se o processo de acumulação [...] conduzisse ao esgotamento da mão de obra disponível para o capital. [...] Creio que a leitura inadequada do Capítulo XXIII de *O capital* tem causado muitas confusões, uma das quais é explicar (hoje!) a reversão do ciclo pela subida da taxa de salário.

Os "limites" da acumulação e da valorização em nenhum caso decorrem de razões ligadas ao esgotamento dos recursos naturais ou humanos (força de trabalho). Muito antes que se esgotem, ou que seus preços se tornem insustentáveis, tais recursos são criados, recriados ou dispensados pelo capital. Sua base técnica "é revolucionária". Os "limites" do capital são estritamente internos: é no interior do cálculo capitalista – na relação entre a valorização presente e a valorização esperada – que se devem buscar as causas das flutuações do investimento:

> A acumulação de capital para por si mesma [...]. Para pela força ou fraqueza da concorrência entre os vários capitais; pela acumulação de capacidade ociosa, que se produz no descompasso entre o investimento

---

subsistência (isto é, para reproduzir-se a si mesmos), mas para produzir o capital com lucros" (ibidem, p.44).

que atrai o investimento em cadeia e o escoamento da produção corrente; pela anarquia da produção capitalista, que move as expectativas de rentabilidade para cima, quando tudo vai bem, e as reverte bruscamente, quando o endividamento é excessivo e o risco se torna inaceitável. [...] A acumulação não esbarra nos salários ou na falta de mão de obra, esbarra em si mesma. O capital é o limite de si mesmo, advertia Marx". (ibidem, p.21)

Por outro lado, ao afirmar que o capital tende a sua "forma mais geral e aparente", ou que "no seu movimento de autoexpansão e valorização permanente termina por encontrar-se prisioneiro de si mesmo: o dinheiro tentando valorizar o dinheiro" (idem, p.60), Maria da Conceição Tavares pretende sublinhar um aspecto central, desenvolvido sistematicamente ao longo de sua obra:[10] a dominância da lógica e da dimensão financeira na estruturação e no movimento do capitalismo contemporâneo. Em suas palavras,

> Faz séculos que os homens inventaram o dinheiro; o sistema capitalista só tem feito aumentar sua eficácia em criar novas formas de dinheiro, não tanto para criar novos "meios de pagamento", mas, sobretudo, para criar novos "meios de endividamento" (de crédito) e de capitalização financeira. (ibidem, p.32)

Sucede que esta "criação de novos meios de endividamento" engendra um espaço próprio de valorização que se sobrepõe, interpenetra-se e, em muitos casos, regula e inibe a valorização do "capital em funções". Segundo Marx, o avanço da acumulação, da concentração e da centralização do capital está intimamente vinculado ao desenvolvimento do sistema de crédito e do "capital a juros". O funcionamento desse sistema, por sua vez, dá origem – por meio da multiplicação das relações de débito e crédito – à proliferação de títulos financeiros privados e públicos, que são a base do mercado de capitais e da valorização "fictícia" do capital. As regras da valorização no

---

10 Tavares (1972; 1978); Tavares; Belluzzo (1980); in Belluzzo (2009); Apresentação in Hobson (1983).

mercado de capitais, contudo, não guardam uma simetria necessária com a valorização do "capital produtivo". Antes pelo contrário: há momentos em que a lógica do capital especulativo (fictício) se opõe à lógica do investimento produtivo, ou em que o próprio capital produtivo busca se transfigurar em capital fictício. Em 1937, Keynes já havia advertido:

> Não é surpreendente que o volume de investimento, assim determinado, flutue muito através do tempo. Isso porque ele depende de dois conjuntos de opiniões sobre o futuro – nenhum dos quais se apoia em fundamento adequado ou seguro – sobre a propensão a entesourar (preferência pela liquidez) e a futura rentabilidade (rentabilidade esperada) dos ativos de capital. Nem existe qualquer razão para supor que as flutuações em um desses fatores tenderão a anular as flutuações no outro. Quando se adota uma perspectiva mais pessimista a respeito dos rendimentos futuros, não existe razão para que haja uma reduzida propensão a entesourar. Na verdade, as condições que agravam um dos fatores tendem, via de regra, a agravar o outro. Isso porque as mesmas circunstâncias que levam a perspectivas pessimistas sobre os rendimentos futuros conseguem aumentar a propensão a entesourar. (Keynes, 1937, p.175)

Desde a advertência de Keynes, o capitalismo não fez senão produzir um descomunal crescimento dos "mercados de inversão organizados" e da circulação e valorização fictícia do capital. A partir da análise histórica e das contribuições de Marx, Keynes, Hilferding, Hobson, entre outros, Maria da Conceição Tavares lançou um conjunto de questões extremamente atuais. Já em 1972 se lê:

> A acumulação de ativos financeiros [...] não implica, necessariamente, a acumulação de ativos reais.

> Dadas as condições [...] existentes num determinado período, pode ser mais interessante [...] aplicar recursos no financiamento de uma dívida crescente [...] em vez de ampliar a capacidade produtiva das empresas; nessas circunstâncias se aceleraria o processo de acumulação

de ativos financeiros sem a contrapartida numa expansão equivalente dos ativos reais.

Uma coisa é realizar aplicações baseadas na rentabilidade dos títulos, outra, bem distinta, é que os recursos que fluem das unidades superavitárias sejam investidos pelas empresas em ampliação da sua capacidade produtiva.

O fato de que um processo de acumulação financeira possa ter lugar a um ritmo diferente do da formação real de capital é evidenciado pela experiência histórica dos países desenvolvidos, onde, durante longos períodos, se verificaram aumentos da dívida pública e privada em ritmo significativamente superior ao do crescimento da renda nacional e do estoque de capital. (Tavares, 1972, p.234-236)

A mesma problemática é retomada em 1978:

As possibilidades de "valorização fictícia" deste capital (financeiro) são inúmeras e dependem do marco institucional em que se mova o capitalismo: na medida em que ele avança mais, as relações financeiras se desenvolvem e enredam em sua teia o processo de produção, o investimento e o consumo.

Apenas uma parte dos ativos financeiros é efetivamente ativa, aquela que corresponde à "dívida primária" nova, que se destina a avançar recursos ao setor produtivo da economia para que este se desenvolva, produzindo e investindo.

Para manter a "valorização fictícia" do capital financeiro são criados novos títulos de crédito (débito), novos ativos (passivos), novas "dívidas secundárias" interagentes financeiros, que se destinam a valorizarem-se a si mesmas, tendo como "base" relativamente elástica o montante da "dívida primária" emitida em cada período.

O movimento do capital financeiro, ligado ao da acumulação real, como irmãos siameses, no período de auge da acumulação, tende a separar-se (na crise) [...]. As próprias empresas em busca de lucros convertem seus departamentos financeiros no cérebro da organização. A busca de lucros especulativos torna-se frenética, e tudo termina onde começou: o negócio do dinheiro.

Nas economias em que o Estado, através das autoridades financeiras, tem poder suficiente para defender os interesses do grande capital, a liquidação do "capital fictício" (na crise) se dá, sobretudo, através de uma recomposição das principais posições ativas e passivas dos bancos e empresas. Cabe em geral ao Estado promover a encampação social dos prejuízos [...]. (Tavares, 1978, p.28-35)

É ocioso reiterar a importância e a atualidade dessas questões. As complexas relações entre a acumulação real e a acumulação financeira; entre a componente ativa e a componente fictícia do capital financeiro; o significado das "crises de crédito"; a questão dos "limites" da valorização fictícia e o papel do Estado nesse processo ocupam – quer em perspectiva histórica, quer em perspectiva teórica – uma posição central na obra de Maria da Conceição Tavares.[11]

A leitura, ao mesmo tempo criativa e rigorosa, de Kalecki, Steindl e Keynes lhe permitiu esclarecer alguns princípios teóricos fundamentais para o entendimento da dinâmica capitalista.[12] A compreensão do caráter determinante e instável do investimento – e do princípio da demanda efetiva enquanto princípio de determinação das variáveis de renda pelas variáveis de gasto – é a chave para análise das flutuações da acumulação e para a crítica de importantes dogmas da razão ricardiana e ortodoxa. Assim, a falsa oposição entre salários e lucros e a clássica ideia (recorrentemente difundida) de que a "poupança financia o investimento" são criticadas de modo contundente.

---

11 Suas reflexões e indagações foram a referência básica de importantes trabalhos produzidos sobre o tema. Registrem-se, entre outras, as inúmeras contribuições de Luiz Gonzaga de Mello Belluzzo, José Carlos Braga, Luciano G. Coutinho, Aloísio Teixeira, José Carlos Miranda e Júlio Sérgio Gomes de Almeida.

12 É importante destacar aqui as contribuições de Luis Gonzaga de Mello Belluzzo em Tavares; Belluzzo (1981), Possas (1983, p.87-114) e Possas; Baltar (1981).

Ao mesmo tempo, a original interpretação do "crescimento desequilibrado" permite a compatibilidade entre a ideia marxista de "superacumulação de capital" e a concepção kaleckiana de crise de realização dinâmica.

Ao discutir a natureza do investimento, Maria da Conceição Tavares (1978, p.21) observa:

> O investimento não é, pois, apenas uma categoria de demanda efetiva [gasto] [...]. É fundamentalmente uma categoria dinâmica, é o instrumento da expansão da capacidade produtiva, da acumulação de capital, é o elemento cíclico por sua própria natureza. Se crescer demais, não pode se manter, porque termina por gerar capacidade ociosa, que deprime a taxa de rentabilidade do capital, tanto a esperada como a efetiva. Se crescer de menos, tampouco pode manter-se, porque não gera renda suficiente para comprar a própria produção ampliada.

Enfatize-se este aspecto. De um lado, o investimento é estratégico – a *causa causans* da produção (e da demanda) agregada, nas palavras de Keynes (1937, p.178). De outro, sua trajetória nunca é estável: os fatores "que determinam a taxa de investimento são os menos confiáveis, pois são influenciados por nossas visões do futuro, sobre o qual sabemos tão pouco". Assim,

> As razões das amplas e repentinas flutuações do investimento nascem da própria natureza e objetivos da produção capitalista. O afã do ganho privado e a natureza anárquica das decisões intertemporais que caracteriza a busca deste objetivo levam a classe capitalista a avaliações problemáticas – para a estabilidade do sistema – quanto ao valor presente de seu capital e quanto à forma desejada de posse da riqueza. Desse modo, a relação entre a taxa de juros e o rendimento provável dos bens de capital recém-produzidos pode ser tal que indique ao conjunto da classe capitalista uma situação incompatível com o ritmo vigente do investimento e, portanto, com o nível atual da renda e do emprego. (Tavares; Belluzzo, 1981, p.111)

As flutuações do investimento, portanto, não se devem nem à elevação dos salários nem a uma suposta "insuficiência de poupança". A rigor, a elevação dos salários pode, sim, afetar o investimento; mas em um sentido oposto ao imaginado pela razão ricardiana. Na perspectiva kaleckiana, o aumento dos salários rebate sobre a produção corrente do DIII, e o mais provável é que o aumento do grau de utilização leve a uma expansão da capacidade produtiva. Isso significa que, em termos dinâmicos, a expansão da produção do DIII repercute sobre a produção do DI (investimento) e, na sequência, sobre a produção do DII (consumo capitalista). O resultado é o crescimento da renda, do emprego e dos lucros.

Por outro lado, a ideia de "insuficiência de poupança" – assim como a de "poupança planejada" – não se sustenta. O financiamento do investimento sempre depende, em alguma medida, do sistema de crédito. A base desse sistema são os recursos líquidos da economia, que em nada se confundem com a "poupança" (entendida como um não gasto). Os empréstimos se traduzem em gastos, e os gastos, como se sabe, convertem-se em depósitos, que possibilitam, sucessivamente, novos empréstimos, novos gastos etc. Assim, em uma economia capitalista – ao contrário da economia doméstica[13] – quão maior o gasto (e, portanto, menor o não gasto), maior a base para as operações de crédito. A "poupança" macroeconômica, como ensinaram Keynes e Kalecki, é um resíduo *ex post* da renda, que mantém apenas uma identidade contábil com o investimento. A causação lógica é a que vai do investimento para a "poupança", e não o contrário.[14] O crédito (e, consequentemente, o conjunto da dívida) em uma economia capitalista não está limitado pela "poupança dos agentes": "O conjunto da dívida acumulada das empresas, do Estado e das famílias supera de longe as poupanças individuais de cada agente, geradas em qualquer período de expansão" (Tavares, 1978, p.28).

---

13 Ver Kalecki (1980).

14 Os capitalistas "só podem decidir o que gastam e, em particular, o que investem. Os lucros dependem do ritmo dos investimentos já realizados nos períodos anteriores; quanto mais investem 'no presente' mais lucrarão no 'futuro' e, portanto, mais poderão 'poupar' no tempo [...]. Em termos dinâmicos, quanto mais gastam (hoje) mais

72   FREDERICO MAZZUCCHELLI

A trajetória da acumulação é estudada por Maria da Conceição Tavares a partir da criativa utilização dos esquemas trissetoriais de Kalecki. Se o crescimento do DI (bens de capital) e do DII (bens de consumo capitalista) for superior ao do DIII (bens de consumo assalariado), os lucros crescerão mais que os salários, e a capacidade produtiva da economia se expandirá mais rapidamente que a produção e a renda corrente. Se a queda no grau de utilização – ou qualquer outra razão ligada ao cálculo capitalista – induzir à queda na taxa de investimento, a capacidade ociosa se difundirá por toda economia e os lucros cairão. Vale dizer: é quando cai o ritmo de crescimento do capital (investimento) que se desencadeia a "superacumulação de capital". Mais ainda: a taxa de lucro efetiva cai porque cai o investimento, e não o contrário.

> A ampliação do DI tende a parar, ao produzir-se um aumento da capacidade ociosa, a qual freia os novos projetos de investimento por reduzir a taxa de rentabilidade esperada. É a queda no nível de investimento que determina a queda na taxa de lucro efetiva e não o contrário. O consumo dos capitalistas, que vai crescendo com os lucros, atrás do investimento, tende também a ser freado junto com ele. O nível de consumo capitalista pode sustentar-se, porém, graças às rendas capitalistas acumuladas, o que não ocorre com parte do consumo dos trabalhadores. A mão de obra empregada na construção de nova capacidade produtiva é despedida; diminui a demanda do DIII, que por sua vez também tende a despedir trabalhadores, caindo em consequência o nível geral de emprego e a massa de salários. O excesso de capacidade que se gerou com a desaceleração do investimento generaliza-se para toda economia. (ibidem, p.18-19)

É evidente que as hipóteses acima expostas podem ser qualificadas. Elas são suficientes, contudo, para esclarecer inúmeros aspectos: ao contrário do que supõe o reducionismo neomarxista, por

---

'poupam' (depois) e quanto mais poupam (hoje) menos lucram, isto é, menos poupam efetivamente (depois)" (Tavares, 1978, p.24).

exemplo, não é a elevação da "composição orgânica do capital" que, ao deprimir a taxa de lucro efetiva, leva à queda do investimento. Não é, tampouco, o suposto crescimento dos salários que, ao comprimir os lucros, conduziria – conforme a perspectiva neorricardiana – ao declínio da acumulação. Nem se trata de qualquer "insuficiência de poupança", já que o próprio conceito em questão é de validade, no mínimo, duvidosa. O aspecto central é que a desaceleração da taxa de investimento – resultante da avaliação dos capitalistas quanto aos rendimentos futuros – redunda na ampliação da capacidade ociosa (excesso de capital), na queda da rentabilidade efetiva e no aumento da preferência pela liquidez que, combinados, deprimem ainda mais o investimento.

VII

Estas são apenas algumas das questões teóricas suscitadas pela obra de Maria da Conceição Tavares. Questões colocadas há algumas décadas, mas cuja atualidade é indiscutível. De outra parte, suas análises sobre o capitalismo contemporâneo, seus estudos sobre organização industrial e seus textos sobre a economia brasileira são uma referência permanente para a reflexão crítica. Sua obra se confunde com a de seus amigos, colaboradores e discípulos, e talvez seja esse seu mérito maior. Seus escritos militantes exaltam o não conformismo, a repulsa ao individualismo e revelam uma personalidade ardente que, como poucas, soube combinar o rigor teórico, a análise histórica, a prática política e o amor a seu povo.

HISTÓRIA

NEM SEMPRE FOI ASSIM...[1]

O tema que irei abordar emerge de uma observação de Tony Judt, grande historiador inglês falecido em 2010. Em um de seus últimos livros (*Ill Fares the Land*, *O mal ronda a Terra*, na edição brasileira de 2011) – escrito em condições extremamente difíceis, por causa da precariedade de seu estado de saúde –, Judt revela desalento em relação ao mundo em que vivemos. Ao externar sua decepção quanto ao vazio espiritual e à busca obsessiva pela riqueza material que mobiliza as novas gerações, o autor se pergunta: "Por onde devemos começar? Talvez seja preciso começar lembrando a nós mesmos e aos nossos filhos de que nem sempre foi assim".

O esforço que farei será o de tentar esclarecer que, de fato, nem sempre tudo foi assim...

Em minha juventude, por exemplo, as coisas se colocavam de outra forma. Além da preocupação em relação a uma boa formação intelectual, havia uma atenção permanente às condições gerais

---

1 Observações a partir de conferência proferida a alunos das Faculdades de Campinas (Facamp), em maio de 2012. Buscou-se manter, nesta edição, o tom coloquial da exposição original.

da sociedade. O sucesso profissional de cada um de nós não era pautado pela indiferença em relação à situação dos demais. O que nos foi transmitido supunha que o aprimoramento de nossas habilidades particulares deveria se traduzir não apenas em conquistas individuais, mas também em benefícios sociais. Essa foi a educação transmitida à geração nascida na guerra ou no imediato pós-guerra. Havia, nos jovens de meu tempo, a consciência de que não éramos seres isolados e em competição frenética no mundo, mas elos de uma cadeia social.

Hoje, o que se percebe é a exacerbação do individualismo: via de regra, as pessoas pensam apenas em seu próprio êxito, cultivam hedonisticamente o corpo, almejam o *status* de celebridade e se comprazem com uma visão acrítica do mundo. Bombardeadas e entorpecidas pelas mesmices e vulgaridades dos meios de comunicação, submetidas aos percalços do mercado de trabalho e angustiadas pelas dificuldades de acesso a uma condição digna de vida, as pessoas são arrastadas pela correnteza da concorrência. O sucesso material – sem dúvida, uma conquista – passa a ser a medida de todas as coisas. Isso exprime a mesquinhez dos tempos atuais. O espírito público se esvaiu, e foi essa triste constatação que absorveu as reflexões de Judt, já no ocaso de sua vida.

Nem sempre foi assim! Uma boa forma de se entender a marcha dos acontecimentos é por meio dos romances. Tomarei três como referência: primeiro, *Fall of Giants* (*Queda de gigantes*, na tradução em língua portuguesa), de Ken Follett (2010). Trata-se do primeiro volume de uma trilogia sobre o século XX e abrange o período que se estende do final do século XIX até a eclosão da Primeira Guerra Mundial. É o momento em que se assiste ao ocaso da ordem liberal burguesa.

Outro livro interessante, escrito em 1925, é o de Scott Fitzgerald (2003), intitulado *The Great Gatsby* (*O grande Gatsby*, na edição brasileira).[2] Aí são descritas, de modo exemplar, as condições de vida nos Estados Unidos nos anos 1920, em particular as aspirações e valores dos grupos situados no topo da pirâmide social. Existe, por fim, um

---

2 Há uma versão dessa obra para o cinema, lançada em 1974, dirigida por Jack Clayton e estrelada por Mia Farrow e Robert Redford.

AS IDEIAS E OS FATOS

romance – também sobre os Estados Unidos – de Philip Roth (2005) chamado *Complô contra a América* (edição em língua portuguesa), em que é retratada a perspectiva isolacionista de segmentos importantes da sociedade norte-americana, durante a escalada da guerra na Europa, em 1940. A exposição que se segue percorrerá alguns temas presentes nos referidos romances.

A ORDEM LIBERAL BURGUESA

Existe uma platitude, uma obviedade, que merece ser relembrada: sempre somos herdeiros de algo. O desafio que se impõe é descobrir e entender nossas heranças. Pois bem, se voltarmos um pouco no tempo, veremos que a primeira grande estruturação no contexto da vida moderna deu-se no século XIX, com a afirmação e a consolidação do capitalismo. Foi o período da chamada ordem liberal burguesa, comandada de maneira inquestionável pela Inglaterra, e que tinha no padrão-ouro e no livre-câmbio suas âncoras principais. Esse foi o período em que Marx escreveu *O capital*, cujo primeiro volume foi publicado em 1867, no auge da era vitoriana (1837-1901). A Inglaterra era então considerada *the workshop of the world*, a oficina do mundo. A partir da Revolução Industrial, montou seu império, desenvolveu sua Marinha e converteu a City no coração das finanças internacionais. Essa ordem liberal comandada pela Inglaterra é descrita de modo primoroso no livro *O processo de industrialização: do capitalismo originário ao atrasado* (2003), de autoria do meu fraternal amigo Carlos Alonso Barbosa de Oliveira.

Tal ordem sacudiu o mundo. Marx, ao observar as façanhas materiais do capitalismo, não hesitou em apontar seu caráter revolucionário, em contraposição à mediocridade dos regimes anteriores de produção. Do ponto de vista social, o que se assistiu foi a crescente incorporação das massas ao processo produtivo, a ruptura das estruturas arcaicas e autárquicas de produção e de vida e a formação de um mercado mundial. Isso, ao mesmo tempo, permitiu que, paralelamente à Inglaterra, outros países avançassem rumo à industrialização.

Os casos mais notórios foram os dos Estados Unidos e da Alemanha – passada a Guerra de Secessão (1861-1865) e promovida a unificação dos Estados germânicos com Bismarck (1871). A diferença é que esses países se industrializaram colhendo os frutos da Segunda Revolução Industrial – do aço, da química, da eletricidade, do petróleo, do motor a combustão. A partir de então, montaram complexos empresariais mais avançados, quer no âmbito tecnológico, financeiro, de escalas ou de organização produtiva. A Inglaterra gradativamente foi perdendo espaço na arena da concorrência manufatureira internacional. Não por ser fraca, muito pelo contrário, era forte pela força de sua Marinha, pela excelência de sua moeda (que era a moeda internacional) e pela extensão de seu Império.

É nesse ambiente que se situa o livro de Ken Follett. Ele aponta claramente para a pujança dos Estados Unidos e para as pretensões dos alemães (sobretudo da elite militar de extração prussiana), que reivindicavam o seu "justo espaço" no tabuleiro político europeu. É curioso que um dos grandes problemas do mundo no século XX foi sempre o do destino que deveria caber à Alemanha. Foi assim na Primeira e na Segunda Guerra Mundial e na própria Guerra Fria. Não há como negar: a Alemanha esteve invariavelmente no centro das grandes convulsões políticas do século XX.

De sua parte, os Estados Unidos, entre a Guerra de Secessão e o início do século XX, promoveram – do ponto de vista material – o maior salto que a humanidade já conheceu. Foi o período da imigração em massa para a América, da extraordinária expansão das ferrovias e do crescimento vigoroso das indústrias associadas à nova Revolução Industrial (siderurgia e petróleo, em particular). Foi também o período das grandes bandalheiras (os famosos *robber barons* foram protagonistas cruciais dessa época). Mais ainda: no início do século XX, começaram a se firmar – com o apoio do crédito – as bases do consumismo norte-americano.

Esse é um período, portanto, de grandes transformações nos Estados Unidos e na Alemanha. Ao mesmo tempo, havia um equilíbrio aparente na ordem internacional. Equilíbrio que se manifestava na crença de que a velha diplomacia europeia seria capaz de resolver os

AS IDEIAS E OS FATOS

potenciais conflitos e na convicção de que a Belle Époque do início do século XX inauguraria uma era de progresso ininterrupto no mundo ocidental. Para muitos que acreditavam na estabilidade da ordem internacional, a eclosão da Primeira Guerra foi um fenômeno inesperado: um raio em céu azul...

NUVENS NEGRAS I (PRIMEIRA GUERRA MUNDIAL)

O equilíbrio, contudo, era apenas aparente. As transformações, sobretudo na Alemanha, haviam desencadeado ambições políticas de difícil manejo. O sistema edificado de alianças (com a Inglaterra, a França e o Império Russo, de um lado, e o Império Germânico, o Império Austro-Húngaro, o decadente Império Otomano e a Itália, de outro) terminou engessando as opções políticas. Os raios de manobra da diplomacia foram se tornando cada vez mais estreitos. Em decorrência disso, os riscos de "contaminação", provocados por conflitos secundários, ampliaram-se consideravelmente (basta lembrar que a eclosão da Primeira Guerra decorreu de um ultimato do Império Austro-Húngaro à Sérvia). Rigorosamente falando: a Primeira Guerra foi um conflito entre impérios. Inglaterra, França e Rússia, velhas potências imperiais, foram incapazes de absorver pacificamente as pretensões – também imperiais – da Alemanha. Esta já era uma nação economicamente mais forte que Inglaterra, França ou Rússia e almejava uma posição política no cenário europeu, compatível com sua grandeza material.

A Primeira Guerra Mundial consistiu em uma experiência absolutamente trágica, dramática, que envolveu o conjunto da sociedade. Este foi um fato novo. A experiência mais recente havia sido a da Guerra Franco-Prussiana de 1871, quando a Alemanha derrotou a França. Esse confronto, contudo, não mobilizou toda a sociedade e teve um desfecho rápido. O mesmo resultado se esperava quando eclodiu a Primeira Guerra: todos se dirigiram orgulhosos para os campos de batalha, com suas bandeiras e flores colocadas em seus rifles, entoando cânticos em desfiles patrióticos, na expectativa de que a guerra, que se iniciou em agosto de 1914, terminasse antes do Natal.

Sucede que a Primeira Guerra incorporou os avanços da tecnologia da Segunda Revolução Industrial, com todo seu potencial destrutivo. O conflito se arrastou de maneira dramática, matando e mutilando milhões de pessoas. Os combatentes permaneciam meses a fio nas trincheiras, e quando procuravam avançar eram massacrados por rajadas de metralhadoras, bombardeios ferozes e ataques de gás mostarda, que os obrigavam a recuar, deixando milhares de mortos nos campos inóspitos da "terra de ninguém".

Um romance que descreve esses horrores é *Nada de novo no front* (*In Westen nichts Neues*), escrito pelo alemão Erich Maria Remarque e publicado 1929. As marcas da guerra projetaram-se nos sobreviventes: os *gueules cassées* (rostos partidos), na França, tornaram-se a imagem viva da tragédia da guerra moderna. Com faces desfiguradas em decorrência dos ferimentos, os mutilados muitas vezes tinham que recorrer ao uso de máscaras e próteses para ocultar a extensão dos danos sofridos (as cirurgias plásticas de reconstituição facial eram, então, precárias). Hobsbawm (1995, p.34) menciona, na *Era dos extremos*, que um quarto dos alunos de Oxford e Cambridge com menos de 25 anos, partícipes da guerra, terminou morrendo. No cômputo geral, a Primeira Guerra deixou mais de nove milhões de mortos. A humanidade jamais havia assistido a tamanha devastação.

A REVANCHE DE VERSAILLES

Pois bem! Finda a guerra, realizou-se, em Paris, a conferência que resultou no Tratado de Versailles (Keynes era, então, o representante do Tesouro britânico na conferência). Foi quando ocorreu um dos maiores disparates da História moderna: a tentativa de tutelar e subjugar a Alemanha. Os franceses, diga-se, foram os maiores responsáveis por tamanha asneira. Keynes, ao perceber o rumo dos acontecimentos, retirou-se indignado da conferência e escreveu, em 1919, um livro profético intitulado *As consequências econômicas da paz*

AS IDEIAS E OS FATOS

(1987), denunciando os termos insensatos de Versailles. A Alemanha, mais que severamente punida, foi humilhada: além das perdas territoriais e materiais, impôs-se ao país uma carga absurda de reparações, que deveriam ser pagas ao longo do tempo. Não bastasse, os alemães foram coagidos e constrangidos a reconhecer sua culpa pela precipitação da guerra.

Quando os norte-americanos ingressaram no conflito (em abril de 1917), o pêndulo da guerra definitivamente se alterou contra os alemães. Em virtude do bloqueio naval, o país já vinha sendo progressivamente asfixiado, o que resultou em uma sucessão de greves e levantes contra as severas medidas de racionamento (sobretudo de alimentos) adotadas pela administração do Kaiser. O ambiente social tornou-se explosivo, ensejando a radicalização das forças políticas tanto à esquerda quanto à direita. A exaustão e, na sequência, a derrota e a humilhação constituíram o fermento das agitações que marcaram a vida da Alemanha entre 1917-1919.

De sua parte, a situação do Império Russo tornara-se crítica durante a guerra. A Alemanha impôs sérias perdas aos russos e forneceu apoio àqueles que se opunham à ordem czarista. *Não é nenhum exagero dizer que a Revolução Russa é filha da Primeira Guerra.* Tal conflito, ao impor uma carga enorme de sacrifícios aos russos – em meio ao despotismo e aos privilégios do regime imperial – precipitou a queda do czarismo em fevereiro de 1917 e a tomada do poder pelos bolcheviques em outubro do mesmo ano. Ambos os eventos contaram com o beneplácito dos alemães. Um dos pontos centrais da proposta bolchevique era o de pôr fim à guerra. De fato, já no início de 1918, firmou-se o Tratado de Brest-Litovsk, por meio do qual o antigo Império Russo (já em mãos bolcheviques) estabelecia a paz com a Alemanha, em troca de inúmeras concessões territoriais (Finlândia, Estônia, Letônia, Lituânia, Ucrânia, Polônia, Bielo-Rússia etc.).

Os Estados Unidos, de início, não se envolveram no conflito europeu. A força dos acontecimentos, contudo, terminou conduzindo-os à guerra. Os sucessivos ataques dos submarinos alemães, entre 1915 e 1917, vitimaram cidadãos norte-americanos e embarcações envolvidas no transporte de alimentos, matérias-primas e munições para a Inglaterra, o que forçou o Presidente Woodrow Wilson a declarar guerra contra a Alemanha, no início de 1917. O peso da participação norte-americana, como observei, foi decisivo para definir o curso das hostilidades. Destaca-se que o propósito de Wilson nunca foi o de estabelecer um rosário de punições às potências centrais. Em seu entendimento, o conflito mundial deveria ser entendido como a última guerra entre os homens (*"the war to end all wars"*), e seu maior empenho nas negociações de Versailles foi o de assegurar a criação da Liga das Nações, uma instância supranacional que deveria buscar a solução pacífica para os problemas entre os países. Suas propostas para a paz foram consubstanciadas nos famosos 14 Pontos, que evocavam o direito à autodeterminação dos povos, a liberdade de navegação nos mares, a redução dos armamentos e, inclusive, o fim das hostilidades contra a Rússia bolchevique. Wilson, na verdade, foi devorado pela sede de vingança dos franceses (que insistiram nas cláusulas punitivas de Versailles) e pelo isolacionismo tosco dos republicanos, que retomaram o controle do Congresso nas eleições parlamentares de 1918. O resultado é que os Estados Unidos não ratificaram o Tratado de Versailles e, para desencanto de Wilson, não tomaram assento na Liga das Nações.

A ERA DA INCERTEZA

O fato é que a saída da Primeira Guerra inaugurou um período de incertezas e instabilidade. Esta foi uma trágica ironia: nove milhões de pessoas morreram em um conflito sangrento, que se arrastou por cinco anos intermináveis, para que se instaurasse uma era de desencontros, suspeitas, desconfianças, retaliações e medo. Na Alemanha, em janeiro de 1919, eclodiu o levante da Liga Spartacus, esmagado com a morte de Karl Liebknecht e de Rosa Luxemburgo. Outras rebeliões ocorreram, como o Putsch de Munique, em 1923, liderado por Hitler e Ludendorff. A violência pontilhou os anos iniciais da

AS IDEIAS E OS FATOS

República de Weimar (1919-1933), com inúmeros assassinatos patrocinados pelos grupos de extrema direita.[3]

O pano de fundo das agitações políticas foi o inconformismo em relação aos termos do Tratado de Versailles, associado às terríveis dificuldades econômicas que assolaram o país até 1923 (com destaque para a hiperinflação conexa à queda da produção industrial e à ampliação do desemprego). Na Rússia, a tentativa de derrubar Lenin e o regime recém-instaurado resultou em uma cruenta guerra civil até 1921, com as forças do Exército Branco (em oposição ao Exército Vermelho dos bolcheviques, liderado por Trotsky) sendo apoiadas por tropas enviadas pela Inglaterra, França, Estados Unidos e mais uma série de países. O objetivo (frustrado) era o de esmagar o comunismo em seu berço... A saída da guerra assistiu, assim, à continuação da violência na Alemanha e na Rússia. Um péssimo começo!

Quando se constata que nem os Estados Unidos nem a Alemanha e a Rússia (União Soviética, ao fim da guerra civil) participavam da recém-criada Liga das Nações, é possível perceber que os canais diplomáticos construídos na saída da guerra já nasceram obstruídos. Somente com muita sorte, desprendimento e clarividência eles seriam desobstruídos. O quadro, contudo, era complexo. Os Estados Unidos – a maior economia do mundo – não pretendiam mais se imiscuir nos assuntos políticos europeus e fecharam-se em si mesmos. De costas para o Atlântico, passaram a viver o transe comemorativo dos *roaring twenties*: o extraordinário crescimento da indústria automobilística, a expansão dos subúrbios, o aumento excepcional na produção do petróleo, do aço e da energia elétrica, a construção de arranha-céus, a difusão dos bens de consumo durável entre as famílias (facilitada pela ampliação do crédito e estimulada pelo avanço da propaganda), o uso generalizado do rádio, o frenesi do cinema falado, a revolução musical do jazz e a graça picante das *flappers* (com seus vestidos sensuais e suas longas piteiras) – esses acontecimentos faziam

---

3 É possível ter uma visão bem clara deste período turbulento da vida alemã na exposição permanente do Museu Histórico Alemão em Berlim. Disponível em: <http://www.dhm.de>. Acesso em: 19 abr. 2017.

crer que o país se achava no limiar de uma prosperidade que se imaginava duradoura. É exatamente este o ambiente retratado no romance de Scott Fitzgerald, a que antes fiz referência. Os Estados Unidos queriam apenas saborear o progresso e se abraçaram a uma perspectiva isolacionista e protecionista.

Do ponto de vista das relações financeiras internacionais, não é exagerado afirmar que as iniciativas de seus bancos de investimento – em particular, do J.P. Morgan – foram muito mais marcantes do que quaisquer ações porventura empreendidas pelo governo norte-americano. Ao longo da guerra, Inglaterra e França tornaram-se devedoras dos Estados Unidos. As duas nações desejavam que as reparações que esperavam receber da Alemanha fossem descontadas de seus débitos com os Estados Unidos, proposta esta que o governo norte-americano, em sua perspectiva míope, sempre recusou discutir.

Na visão tipicamente empresarial dos governos republicanos dos anos 1920, as dívidas de guerra deveriam ser pagas, e não compensadas ou anuladas. Coube ao sistema financeiro privado tomar a dianteira: a partir de 1924, a Europa (Alemanha, em particular) e o mundo foram inundados por uma avalanche de empréstimos. Tangidos pelo otimismo incontido, característico dos ciclos de crédito, os bancos norte-americanos – já envolvidos nas operações domésticas de financiamento ao consumo, aos projetos imobiliários e ao mercado de valores – se direcionaram para o exterior. Por um breve tempo, tudo parecia correr bem: os bancos emprestavam à Alemanha, que pagava as reparações à França e à Inglaterra, que pagavam suas dívidas de guerra aos Estados Unidos, que supunham que as coisas caminhavam normalmente. Quando em meados de 1928 a fonte secou (contração dos empréstimos norte-americanos), o frágil equilíbrio desmoronou como um castelo de cartas. Na verdade, os Estados Unidos, ao longo dos anos 1920, ao consagrarem a euforia irrefletida da *age of business*, afastaram-se por completo das obrigações políticas mundiais que lhes cabiam por força de sua massacrante supremacia econômica.

Se os Estados Unidos foram incapazes de exercer a liderança nas relações internacionais, a Inglaterra e a França, de sua parte, tutelaram a Liga das Nações. E o fizeram em consonância com seus objetivos imperiais. Mas como viveram os homens ao longo desse período? Quais eram seus propósitos, suas ambições e suas expectativas?

Na Belle Époque, viveram fascinados pelo progresso, na esperança de que uma nova era de conquistas materiais havia sido inaugurada. O entusiasmo com a exposição de Paris, em 1900, quando foram apresentadas ao mundo importantes inovações (a luz elétrica, por exemplo), suscitou em muitos a expectativa de que as transformações vigentes conduziriam a humanidade a um novo patamar de realizações. O advento da sociedade de massas não podia ocultar, entretanto, a dura realidade das desigualdades sociais. O desemprego e a exploração ainda não eram entendidos – a não ser na análise pioneira e contundente de Marx – como uma patologia social, como uma consequência funesta do funcionamento do capitalismo. Eram percebidos como uma decorrência do destino ou da falta de aptidão individual das pessoas para uma vida mais digna.

Nem era possível ocultar a opressão sobre as mulheres e, menos ainda, sobre os homossexuais (lembre-se que Oscar Wilde, por expressar suas preferências sexuais, foi condenado, em 1895, a dois anos de trabalhos forçados). Tampouco era possível ocultar a realidade da dominação colonial, com povos inteiros submetidos aos desígnios "civilizatórios" das nações imperiais. Nem era possível ocultar a discriminação sobre os negros, mestiços e asiáticos. Datam dessa época os estudos sobre a eugenia, com vistas à seleção e depuração racial. É certo que muitos se levantaram contra a rigidez e o cinismo da moral vitoriana. Muitos se organizaram contra as formas descaradas de exploração econômica. Muitas mulheres passaram a desafiar os cânones estabelecidos e passaram a reivindicar o direito ao voto (as cenas da sufragista Emily Davison lançando-se à morte sob as patas de um cavalo do Rei George V, em 1913, são impactantes).[4] Muitos povos passaram a sonhar com a emancipação. Ainda havia, contudo, um longo caminho a percorrer antes que as conquistas por uma sociedade mais justa e aberta se materializassem.

---

4 Ver *O século do povo*, trecho 52:25 (BBC, 1997).

O choque entre os impérios, como já observei, levou à guerra. A humanidade passou a viver, então, sob o horror e o medo. Após a violência e a insensatez do conflito mundial, forjou-se a expectativa de que os homens e as nações finalmente reencontrariam o caminho da compreensão e da solidariedade. Mencionei antes que era este o desejo de Woodrow Wilson e de Keynes, mas desgraçadamente não foi o caminho escolhido. Os Estados Unidos entronizaram o *love of money* como o altar dos homens. Ao mesmo tempo em que se lançaram à busca frenética do lucro, da especulação e do consumo, os norte-americanos assistiram, nos anos 1920, às ações truculentas da Ku Klux Klan, às perseguições contra os imigrantes (lembre-se do famoso episódio Sacco e Vanzetti), à criminalização do álcool (Lei Seca, de 1919) e às investidas arbitrárias contra todos que não se ajustassem ao figurino estúpido do *american way of life*. A Inglaterra pretendeu reinstaurar o *status quo* anterior à guerra, na presunção de que suas tradições, sua moeda e a grandeza de seu império (que alcançou extensão máxima após o conflito) seriam suficientes para trazer de volta seu passado glorioso. A França, prisioneira do ódio, imaginava que sua recuperação econômica pudesse se dar mediante o pagamento regular das reparações de guerra por parte da Alemanha. Em 1923, inclusive, os franceses invadiram a região do Ruhr, em retaliação ao não cumprimento das obrigações acordadas pelos alemães, nas discussões que se seguiram a Versailles. Na União Soviética, a morte de Lenin, no início de 1924, abriu espaço para a ascensão de Stalin. Em pouco tempo as lideranças bolcheviques de 1917 foram vitimadas, e o dirigente soviético – isolado da comunidade internacional – passou a administrar com mão de ferro a implantação do "socialismo em um só país". Na Alemanha, no Japão e na Itália, concomitantemente, cresciam os ressentimentos em relação à ordem mundial comandada pela Inglaterra e pela França.

Percebe-se, assim, que a saída da Primeira Guerra inaugurou uma era de incertezas (a expressão é do historiador inglês Richard Overy).[5] Do medo e do horror da guerra, passou-se à prepotência

---

5 "A Grande Guerra serviu apenas para aprofundar a passagem de uma era de certezas para uma era de temível instabilidade" (Overy, 1995, p.3).

AS IDEIAS E OS FATOS

dos vencedores e à indignação dos derrotados. À soberba dos fortes se contrapôs a frustração dos marginalizados. É certo que algumas conquistas tópicas foram alcançadas nos anos 1920: com os tratados de Locarno, que definiram as fronteiras ocidentais da Alemanha, criaram-se as condições para o ingresso do país na Liga das Nações em 1926. Os alemães, inclusive, graças ao afluxo dos capitais privados norte-americanos, viveram um breve período de estabilidade e crescimento entre 1924 e 1928. O envolvimento das mulheres no esforço de guerra, por sua parte, contribuiu para que se alterassem os termos de sua participação na sociedade. Nos Estados Unidos e na Inglaterra, o voto feminino foi definitivamente consagrado nos anos 1920 (em compensação, na América do Norte o direito de voto aos negros somente seria assegurado em 1965). Pode-se até afirmar que houve um sopro de otimismo nos anos 1920, mas não há dúvida que as relações humanas e internacionais ainda se assentavam em terreno frágil. Afinal, o *love of money*, a pretensão imperial, o rancor e o isolamento não poderiam ser guias seguros para a condução dos homens.

NUVENS NEGRAS II (GRANDE DEPRESSÃO E SEGUNDA GUERRA MUNDIAL)

A Grande Depressão (1929-1933) se incumbiu de sepultar quaisquer esperanças. Pouco mais de dez anos após o final da Grande Guerra, milhões de trabalhadores nos Estados Unidos e na Europa foram lançados ao desemprego, em uma crise econômica nunca antes presenciada. Se a crise permitiu a eleição de Roosevelt, permitiu também a ascensão de Hitler, político desprezível de extrema-direita que somente ascendeu ao poder graças aos efeitos devastadores da depressão sobre a Alemanha. *Se a Revolução Russa, como falei, foi filha da Primeira Guerra, o nazismo foi o filho maldito da Grande Depressão.* Enquanto Roosevelt, em meio ao permanente bombardeio da guerrilha conservadora, introduziu mudanças fundamentais destinadas a disciplinar o funcionamento do capitalismo norte-americano, Hitler submeteu a economia a seu comando direto, ao mesmo tempo em que desferiu golpes mortais nos sindicatos, iniciou a perseguição aos judeus e eliminou as alas do nacional-socialismo que ameaçavam seu comando despótico (Ernst Röhm, líder das temidas *Sturmabteilung*, SAs, divisão de assalto do partido nazista, e mais de uma centena de simpatizantes foram sumariamente executados no famoso episódio da Noite das Facas Longas, em 1934). Em sua Batalha Pelo Emprego, Hitler expandiu vigorosamente o gasto público e em menos de três anos reduziu o desemprego a níveis insignificantes. Quando teve início a reconstrução das forças armadas, em 1936, a Alemanha – ao contrário dos Estados Unidos – não exibia mais as marcas da depressão.

Mas Hitler pretendia muito mais. Em seu afã de rever os termos vergonhosos de Versailles, ocupou militarmente a Renânia, promoveu a unificação com a Áustria, incorporou os Sudetos, avançou sobre Praga e, por fim, em aliança com Stalin, invadiu a Polônia. A Itália (comandada pelo patético Mussolini desde 1922) já havia invadido a miserável Etiópia, em 1935, e o Japão se lançado sobre a China, em 1937. Na União Soviética, a patologia insana de Stalin promoveu a vergonhosa onda de expurgos de 1937-1938, que resultou na prisão e na morte de milhares e milhares de dirigentes e funcionários soviéticos. É praticamente desnecessário lembrar que o medo novamente se incrustou nas almas.

Na sequência da invasão da Polônia, Inglaterra e França declararam guerra à Alemanha. Em poucos meses o mundo iria se incendiar. Hitler ocupou o Sudeste e o Norte da Europa, invadiu a França, bombardeou a Inglaterra e, após a invasão da União Soviética em junho de 1941, estendeu a mancha da ocupação nazista do Leste até as portas de Moscou. Quando os japoneses atacaram Pearl Harbor, em dezembro de 1941, os Estados Unidos declararam guerra ao Japão. Na mesma semana, os norte-americanos (para o alívio de Churchill e Stalin) já se encontravam em guerra contra Alemanha e Itália. Durante três anos e meio, os Aliados e o Eixo se envolveram em uma sucessão de batalhas fatídicas, em que as mortes se contavam aos milhares, e até centenas de milhares. Apenas a aniquilação total do oponente poderia dar fim às hostilidades. Assim como ocorreu na Primeira Guerra, a entrada dos Estados Unidos no conflito foi

AS IDEIAS E OS FATOS

decisiva para definir o rumo dos acontecimentos. Não é uma simpli-
ficação descabida afirmar que a tenaz resistência soviética (com mais
de vinte milhões de mortos!) e o imenso poderio da fábrica de produção norte-americana constituíram os fatores cruciais para a derrota
do nazismo. Após a difícil vitória em Stalingrado (fevereiro de 1943),
a União Soviética começou sua marcha implacável rumo a Berlim.
Com o desembarque aliado na Normandia, em junho de 1944, a
sorte da Alemanha foi selada. Sitiados a Leste e a Oeste e bombardea-
dos de maneira impiedosa pelos ares, os alemães foram progressivamente asfixiados e destroçados. Em maio de 1945 se renderam. Em
agosto do mesmo ano, o Japão capitulou.

Faço aqui um breve parêntese, para retornar à observação inicial
de Judt de que "nem sempre foi assim". É verdade! Como podem
perceber, *houve momentos, ao longo da trajetória do século XX, em que as
coisas foram muito piores*! Na verdade, momentos em que a humanidade
viveu dramas muito mais penosos do que o atual deserto espiritual e a
busca obsessiva e irrefletida pela riqueza material. A Segunda Guerra
Mundial conformou um conflito ainda mais sangrento do que a
Grande Guerra de 1914-1918. Basta recordar seus mais de 50 milhões
de mortos! Não é necessário entrar em detalhes sobre os horrores dos
bombardeios às cidades, vitimando crianças e idosos, da matança organizada dos judeus, das sangrentas batalhas de Leningrado e Stalingrado,
dos enforcamentos, execuções sumárias, perseguições, torturas, estu-
pros e traições, das mortes nas ilhas do Pacífico ou das bombas sobre
Hiroshima e Nagasaki. A Segunda Guerra foi, talvez, a experiência
mais vergonhosa que a humanidade já conheceu. Suas marcas e feridas se projetaram no tempo e, ainda hoje, permanecem cravadas nos
corações daqueles que viveram um pesadelo tão dramático e terrível.

A GUERRA FRIA E A GOLDEN AGE

A Grande Depressão e a Segunda Guerra, pela profundidade e
extensão de sua violência, lançaram, contudo, um alerta aos homens.
Não era mais possível repetir tamanho desatino. Não era mais

concebível que homens e mulheres permanecessem indefesos frente aos ventos do mercado. Tampouco era admissível que as relações internacionais se resolvessem pela força bruta das armas, sobretudo considerando a existência dos artefatos nucleares (também em poder da União Soviética a partir de 1949). Com a derrota do nazismo e do militarismo japonês, o mundo se dividiu em duas grandes zonas de influência comandadas pelos Estados Unidos e pela União Soviética. A Guerra Fria que daí resultou *foi antes um fator de estabilidade do que de instabilidade nas relações políticas mundiais*. Havia o acordo tácito entre as duas grandes superpotências de que a violência seria exercida apenas no âmbito das respectivas zonas de influência. Foi a política dos "pastos demarcados", para usar uma expressão de Guimarães Rosa. Os Estados Unidos patrocinaram uma sucessão de intervenções e golpes militares em seus "domínios" (no Brasil, inclusive), e a União Soviética promoveu invasões na Europa do Leste (Hungria e Tchecoslováquia). As tensões maiores ocorreram na Guerra da Coreia (1950-1953), quando soldados norte-americanos e chineses se enfrentaram nos campos de batalha, e sobretudo na crise dos mísseis de Cuba (outubro de 1962). Neste último caso, a possibilidade de a União Soviética instalar bases de lançamento de mísseis ao lado da costa norte-americana representou uma ameaça que comprometia o pacto tácito de não agressão entre as duas superpotências, que, se quiserem, agiram como dois grandes coronéis do sertão: cada qual comandava suas terras a seu modo, e ambos evitavam o conflito entre suas tropas (o que, certamente, seria fatal).

O fato é que Europa e Japão passaram a gozar de uma estabilidade que há muito não conheciam. Resguardados sob o manto protetor dos Estados Unidos, lançaram-se às tarefas de reconstrução no pós-guerra e em pouco tempo – com o apoio explícito do Estado – modernizaram as respectivas estruturas industriais. Na década de 1960, os oligopólios japoneses e europeus passaram a concorrer em pé de igualdade com as grandes corporações norte-americanas nos mercados mundiais.

O ponto a ser destacado para o propósito de nossa discussão é que se criaram as condições políticas e econômicas para o

AS IDEIAS E OS FATOS

funcionamento ordenado e disciplinado do capitalismo. Havia controle sobre os fluxos internacionais de capital; havia direcionamento do sistema de crédito para a acumulação produtiva; havia participação efetiva do Estado na regulação das relações econômicas; havia um clima de colaboração entre empresários e sindicatos; havia compromissos inarredáveis com a ampliação e a consolidação do Welfare State e havia uma defesa comum – quer dos partidos mais à esquerda quer mais à direita – com a busca de níveis máximos de ocupação. Se quiserem um exemplo, na década de 1960 a taxa de desemprego na Alemanha e no Japão foi sempre inferior a 2%. Mas o mesmo ocorreu nos demais países. Cresceu a produtividade, cresceram os salários reais e os lucros, aumentou a oferta de empregos, melhoraram-se as condições de saúde, educação e trabalho, ampliaram-se os direitos dos cidadãos, a inflação permaneceu baixíssima e não houve qualquer desequilíbrio estrutural nas contas públicas (os gastos públicos cresciam, mas as receitas públicas também, por conta do crescimento econômico e do aumento da base de tributação). A Golden Age se estendeu, grosso modo, de 1947 a 1973.

Voltemos, então, a Tony Judt: *nem sempre foi assim!* Os jovens do pós-guerra foram educados e criados em um ambiente onde os nexos de solidariedade social eram muito mais sólidos. É claro que todos se preocupavam com suas vidas, mas não havia um mercado voraz a espreitá-los na saída dos cursos secundários ou universitários. O moinho satânico da concorrência (para usar a expressão de Polanyi) não os aguardava para mutilar seus sonhos e devorar seus espíritos. Todos sabiam que o talento e o esforço pessoal, de alguma forma, seriam recompensados. Não havia desespero pela busca da ocupação; os empregos existiam. Não havia angústia em relação ao futuro; as perspectivas eram promissoras. Não havia a insegurança quanto à saúde ou planos milimétricos para a velhice; havia a proteção do Welfare State. *A geração do pós-guerra foi educada, assim, em um contexto de maior segurança.* Isso permitiu que forjassem uma visão mais abrangente e crítica do mundo. Os jovens não eram meros átomos isolados expostos aos ventos impiedosos da concorrência, mas seres dotados de vitalidade, com esperança em um futuro que imaginavam cada vez mais justo e livre. Eram seres essencialmente sociais e transformadores!

Não poderia haver contraste maior com o desalento da Grande Depressão, com o horror da guerra ou com a mesquinhez alienante dos tempos atuais. Na letra de *Anos Dourados* (composta em parceria com Tom Jobim), Chico Buarque escreve que "na fotografia estamos felizes [...], mas quando eu me lembro são anos dourados". Em uma perspectiva individual, o verso evoca a singela remissão nostálgica a um tempo encantador que já se foi. Em uma perspectiva mais ampla, contudo, pode indicar uma mudança radical nas condições de vida da própria sociedade. É esta mudança que quero assinalar, em consonância com as observações de Judt: as condições de vida pioraram nos últimos trinta ou quarenta anos, o que se refletiu no comportamento dos jovens.

O FIM DOS ANOS DOURADOS

O fim dos Anos Dourados – ou a ruptura do chamado consenso keynesiano, se assim preferirem – decorreu de uma série de circunstâncias. Primeiro, é claro que, após duas décadas de crescimento e investimento contínuo, era previsível que houvesse uma redução da taxa de acumulação nos países capitalistas centrais. Referidos países – com destaque para o Japão e a Alemanha, os *pop stars* da expansão capitalista do pós-guerra – haviam modernizado as respectivas matrizes industriais e expandido seus mercados internos, passando a competir com os Estados Unidos nos mercados mundiais. Após a vigorosa expansão – os batizados "milagres econômicos" da Alemanha, Japão, França, Itália etc. –, deu-se a lenta reversão do ritmo de investimento. Isso redundou no declínio do crescimento da produtividade. A possibilidade de proporcionar ganhos continuados para os salários reais viu-se, portanto, mais limitada. Não foi essa, contudo, a razão para o fim do ciclo virtuoso do pós-guerra. Inflexões no ritmo de crescimento dos ganhos – lucros ou salários – são fenômenos até certo ponto normais (porém, nem sempre facilmente absorvíveis!),

AS IDEIAS E OS FATOS

incapazes de produzir, por si sós, a radical mudança das condições econômicas e sociais. Entretanto, o esgotamento da onda de inovações e o estreitamento das oportunidades de investimento no pós--guerra formaram, no limiar dos anos 1970, o pano de fundo a partir do qual se processaram outras importantes transformações.

Especial destaque coube à erosão da confiança no dólar, a moeda internacional. A conversibilidade do dólar em ouro havia sido consagrada nos Acordos de Bretton Woods. De início, Europa e Japão sofreram as agruras da escassez de dólares (*dollar shortage*). A partir de meados dos anos 1950, o déficit do balanço de pagamentos dos Estados Unidos (decorrente da progressiva anemia de seu saldo comercial, dos gastos militares e do investimento direto no exterior) terminou produzindo a abundância de dólares por todo o mundo (*dollar glut*). A conversibilidade do dólar em ouro ficou sob suspeita: havia muitos dólares espalhados nos países e pouco ouro em Fort Knox. Os países da aliança ocidental passaram a se ressentir das facilidades com que os Estados Unidos financiavam o seu déficit do balanço de pagamentos (bastava que emitissem mais dólares!). Por disporem da moeda internacional, os Estados Unidos incorreram em sucessivos déficits que terminaram ameaçando a estabilidade monetária dos demais países. Isso, além do mais, assegurou às multinacionais norte-americanas um enorme raio de manobra na condução de suas operações no exterior: as empresas americanas aportavam na Europa carregadas de dólares e – como as taxas de câmbio eram fixas – lançavam-se à soberba aquisição dos ativos locais. O General De Gaulle denunciou o "privilégio exorbitante" dos Estados Unidos, e muitos passaram a alertar sobre os riscos do "desafio americano". A França passou a converter seus saldos de dólares em ouro e a conversibilidade foi sendo progressivamente questionada. Ao mesmo tempo, eram cada vez maiores nos Estados Unidos as queixas em relação ao protecionismo dos europeus e, particularmente, dos japoneses. Os norte-americanos haviam ajudado na recuperação da Europa e do Japão, aberto seu enorme mercado aos produtos estrangeiros e viam as portas fechadas para seus produtos e seus negócios no exterior. *O que quero chamar a atenção é que começaram a se processar fraturas no interior da aliança ocidental.* Nem os países estavam satisfeitos com a conduta "imperial" dos Estados Unidos nem este aprovava as práticas restritivas dos países ou os questionamentos "injustos e ingratos" à hegemonia norte-americana.

Em agosto de 1971, Nixon deu um tiro de grosso calibre nas convenções de Bretton Woods. Foi anunciado ao mundo o fim da conversibilidade da moeda norte-americana e imposta uma sobretaxa de 10% às importações. O objetivo foi se desvencilhar das pressões sobre o dólar e forçar os demais países a aceitar sua desvalorização. Na estratégia de Nixon (e Connally, o inspirador das medidas), a depreciação do dólar resultaria no crescimento das exportações e, portanto, na expansão do emprego nos Estados Unidos. A desvalorização foi consagrada e os demais países perceberam que as relações com os Estados Unidos haviam se tornado mais complexas. Em março de 1973, implantou-se definitivamente o regime de taxas flutuantes de câmbio, e o dólar foi mais uma vez desvalorizado.

Essa desvalorização teve uma consequência importante: a reação dos países produtores de petróleo. Com suas receitas denominadas na moeda norte-americana, o ganho dos referidos países sofreu uma redução real. Motivados pelo apoio explícito dos Estados Unidos a Israel na Guerra do Yom Kippur (outubro de 1973), os países árabes reagiram, o que resultou na quadruplicação dos preços do petróleo. A "era do petróleo barato" havia terminado. O "choque do petróleo" atingiu em cheio os Estados Unidos, a Europa e o Japão: a inflação disparou e no biênio 1974-1975 as economias entraram em forte recessão.

Duas questões centrais devem ser adicionadas: a Guerra do Vietnã (que custou a Johnson a possibilidade da reeleição e se prolongou na administração Nixon) constituiu um elemento catalisador que deu vazão a inúmeras insatisfações. Enlaçados com as reivindicações dos negros e das mulheres nos Estados Unidos, ou combinados com a mobilização dos jovens europeus na busca de condições mais democráticas e livres de ensino – e mesmo de vida! –, os protestos contra essa guerra representaram um polo de aglutinação que serviu para evidenciar *fissuras não desprezíveis no interior das sociedades ocidentais*. Sobretudo no que se refere aos jovens, os protestos revelavam o

AS IDEIAS E OS FATOS

inconformismo em relação aos padrões políticos, morais, familiares e sexuais então vigentes. O acordo de paz com o Vietnã foi firmado em janeiro de 1973, mas nem por isso a insatisfação em relação aos rumos da expansão capitalista foi revertida. Recordem que Nixon, entre tantas façanhas, incumbiu-se de arquivar a agenda reformista inaugurada por Roosevelt e seguida por Truman, Eisenhower, Kennedy e Johnson. Os pobres, os negros, as mulheres "libertárias", os jovens "drogados" e a elite intelectual do Leste deveriam ceder espaço à Nova Maioria (conservadora) idealizada por Nixon. Isso ocorreu nos Estados Unidos e também, à sua maneira, na Europa.

As turbulências econômicas dos anos 1970 – que não fizeram senão aumentar o contingente dos marginalizados e vitimados pela ordem econômica existente (com o desemprego e a inflação em alta) – explicitaram o *esgarçamento das normas de coesão social*. Os sindicatos pretendiam evitar a erosão real dos salários, os empresários buscavam recompor as margens de lucro, os desempregados cresciam em proporção alarmante, a rede de proteção social se encontrava ameaçada e os jovens cada vez mais desconfiavam das promessas do capitalismo (lembre-se de que na Itália e na Alemanha eles enveredaram pelo desatino da luta armada!). *Assim, às fraturas no interior da aliança ocidental, a que antes fiz referência, acrescentaram-se as fraturas no âmbito das próprias sociedades.* Nem os países capitalistas estavam coesos – como na saída da guerra, na década de 1950 ou mesmo na primeira metade da década de 1960 – nem o quadro social exibia a estabilidade outrora observada.

Outro ponto que desejo sublinhar é o arrefecimento da Guerra Fria. Esta havia sido um elemento unificador dos países capitalistas. Desde 1947 os Estados Unidos e a União Soviética haviam dividido o mundo em duas grandes áreas de influência. O bloqueio de Berlim por Stalin (1948-1949), a conquista do poder por Mao Tsé-Tung (1949), o enquadramento da Polônia e a invasão da Hungria (1956), o lançamento do Sputnik (1957), a Revolução Cubana (1959), o voo pioneiro de Yuri Gagarin (1961), a construção do Muro de Berlim (1961) e a crise dos mísseis de Cuba (1962) foram eventos que assustaram o Ocidente. Por mais de duas décadas, o espectro da "ameaça comunista" pairou sobre os países capitalistas e induziu os Estados Unidos a patrocinarem uma sucessão de intervenções e golpes militares mundo afora. Na perspectiva norte-americana, era fundamental que Europa e Japão exibissem capitalismos triunfantes, de modo a neutralizar o "vírus" comunista. Justamente por isso reviram o projeto punitivo para a Alemanha e Japão, lançaram o Plano Marshall, apoiaram a integração europeia, abriram seus mercados, toleraram o protecionismo de seus parceiros, arcaram com os custos da defesa ocidental e estabeleceram alianças estratégicas nos organismos internacionais. Sob o manto protetor dos Estados Unidos, Europa e Japão alcançaram um desempenho extraordinário nas duas décadas que se seguiram à guerra.

Em fins dos anos 1960, contudo, as relações entre os Estados Unidos e a União Soviética entraram em fase de distensão. O acirramento dos ânimos tornara-se − política e financeiramente − penoso para ambos os lados. Os coronéis do sertão, a que antes me referi, baixaram então o tom de suas ameaças. Os pastos já estavam demarcados e não havia razão para o estranhamento hostil. Afinal, eram os dois muito parecidos: a União Soviética assistiu impávida à escalada da Guerra do Vietnã (como assistiria, mais tarde, ao sangrento golpe militar no Chile, em 1973), da mesma forma os Estados Unidos observaram apenas à distância a invasão da Tchecoslováquia (1968). Quando Nixon, em 1971, anunciou ao mundo as visitas à China e à União Soviética − dando início à *détente* − tornou-se claro que as relações internacionais haviam ingressado em uma nova fase.

Importa desacatar, para os fins de nosso argumento, que *a Guerra Fria deixou de ser um elemento unificador no âmbito dos países capitalistas*. Se estes − como antes observei − já se encontravam divididos nas questões econômicas (moeda internacional, taxas de câmbio, protecionismo), a política mundial não representava mais seu elo de união. Não havia mais o "inimigo comum" a ser combatido. Cada país deveria formular sua linha específica de atuação nas questões internacionais, a partir do pressuposto que o alinhamento automático aos Estados Unidos (e, portanto, a contraposição à União Soviética) deixara de ser o ponto de partida comum na definição das opções estratégicas.

AS IDEIAS E OS FATOS

O declínio endógeno da taxa de acumulação, o questionamento à centralidade do dólar, a insatisfação norte-americana em relação ao protecionismo de seus pares, os protestos quanto às normas de sociabilidade vigentes nos países capitalistas (família, hierarquias institucionais, vida sexual, canais de participação política, valores morais), a revolta dos negros nos Estados Unidos, as manifestações contra a Guerra do Vietnã, as desvalorizações do dólar, a restauração conservadora de Nixon, a quadruplicação dos preços do petróleo, a disparada da inflação, o mergulho na recessão, a escalada do desemprego e a aproximação entre as duas potências – a combinação desses fatores decretou o fim dos consensos estabelecidos no pós-guerra. Keynes faleceu em 1946, mas seus ideais permaneceram vivos por mais de duas décadas. Eles morreriam também nos anos 1970. Somente após a recente tragédia do neoliberalismo é que, com muito custo, ainda tentam renascer.

A VINGANÇA DA ECONOMIA (NEOLIBERALISMO)

As dificuldades dos anos 1970 determinaram a rearticulação das forças conservadoras. No pós-guerra – como lembram os professores João Manuel Cardoso de Mello e Luiz Gonzaga Belluzzo – a economia permaneceu tutelada pela política. Quer pela defesa do pleno emprego, pela ampliação da proteção social (condições de trabalho, seguro-desemprego, sistema de aposentadorias, extensão das redes públicas de saúde e educação), pela disciplina do sistema de crédito, pela limitação aos fluxos internacionais de capital, pela ação anticíclica da política fiscal ou pela atuação vigilante do Estado, as sociedades procuraram (e, em grande medida, conseguiram!) conter o ímpeto desagregador das forças de mercado. A experiência traumática da Grande Depressão ainda não havia sido esquecida.

Com a estagflação dos anos 1970, as normas e os consensos dos Anos Dourados se viram questionados: *a economia passou a se vingar da política*. Na percepção dos críticos, havia Estado demais, regulamentação demais, controles demais, sindicatos demais, proteção social demais, intervenção demais. Enfim, política demais! O diagnóstico liberal – de início, com Friedman à frente – ganhou terreno, ajustando-se perfeitamente ao interesse dos grandes negócios. Para as corporações era conveniente "flexibilizar" o mercado de trabalho; para os bancos era importante fugir às restrições que inibiam suas operações; para os ricos era ótimo reduzir a carga tributária. O suposto (sempre o mesmo!) era que, ao se dar liberdade aos "de cima", os "de baixo" sempre seriam beneficiados.

A desorganização econômica dos anos 1970 facilitou o triunfo da "ode aos mercados", que seriam o *locus* insubstituível de harmonização dos interesses, o mecanismo mais eficiente de alocação dos recursos. O credo liberal é conhecido: se o Estado não se intrometer, a concorrência e o sistema de preços se incumbirão de produzir resultados "ótimos". Limite-se, portanto, o poder dos sindicatos, de modo a restaurar a "liberdade" do mercado de trabalho; reduzam-se os gastos públicos (sobretudo nos "onerosos" sistemas de saúde, previdência e educação), para que, paralelamente, possam ser reduzidos os impostos; privatizem-se as empresas públicas, de modo a ampliar a oferta e a acessibilidade aos bens e serviços essenciais; desregulamente-se o sistema financeiro, de modo a melhorar a distribuição das "poupanças"; eliminem-se as restrições ao fluxo internacional de capitais, de modo a assegurar a todos o acesso facilitado à "poupança externa".

Não pretendo me estender sobre os resultados do neoliberalismo, até porque eles são bastante conhecidos. Sua ascensão política deu-se com as eleições de Thatcher e Reagan. Seus resultados práticos foram medíocres. Em trinta anos (grosso modo, entre 1980 e 2010), o capitalismo se viu pontilhado por uma sucessão de crises e episódios de aguda instabilidade; as taxas de crescimento do produto foram sensivelmente mais reduzidas em comparação à Golden Age; a taxa de desemprego em muitos casos ultrapassou a casa dos dois dígitos (como na atual conjuntura); a insegurança passou a afetar a vida de milhões de pessoas por todo o mundo, em nítida contraposição à estabilidade social dos Anos Dourados; a distribuição da renda sofreu uma piora assustadora; a incerteza converteu-se em uma norma universal recorrente, afetando de modo negativo as decisões de investimento.

AS IDEIAS E OS FATOS

A "alta finança", como é do conhecimento geral, converteu-se na rainha dos novos tempos. Em nome da desregulamentação, o sistema financeiro internacional transformou o mundo em uma gigantesca Las Vegas. Quem assistiu ao documentário de Charles Ferguson, *Inside Job* (*Trabalho interno*, na versão brasileira), sabe bem a que estou me referindo. É claro que, sempre após o estouro das sucessivas "bolhas", todos correm para o Estado. Mas não havia "Estado demais"? Bem, havia "Estado demais" para os outros, mas não para a oligarquia financeira. O triste é que, na ausência da intervenção estatal, as consequências seriam muito mais dramáticas para todos. Os desempregados seriam contados às centenas de milhões. E assim vamos!

O ponto que pretendo sublinhar, para uma última vez voltar a Judt, é que a restauração neoliberal dos anos 1980 trouxe consigo o corolário inevitável de que nada deve opor ou se sobrepor à liberdade dos homens. Não se trata dos "homens" em abstrato, mas das grandes corporações e dos grandes bancos. Mas os homens e as mulheres existem, e o preceito que lhes foi recomendado é que apenas a vitória na arena da concorrência permite a seleção dos "fortes". Reinstaurou-se uma visão darwinista da sociedade. Todos regressaram à América dos anos 1920! Reviveu-se a dicotomia estúpida *winners versus losers* e proclamou-se a rematada imbecilidade de que *the winner takes it all.* A exacerbação do individualismo e a mercantilização de todas as relações produziu os neoidiotas contemporâneos. Aí reside a decepção de Judt!

Não é possível desconsiderar o papel da mídia na fabricação dos ogros modernos. A vulgarização do conteúdo divulgado – *reality shows*, programas de auditório, MMA etc. – contribui de maneira óbvia para o entorpecimento dos espíritos. Mas não se trata apenas da brutalização do "baixo clero", potencializado pela retroalimentação permanente das redes sociais na internet. O "alto clero" também é submetido a um permanente bombardeio, mais sutil e sinuoso. É o bombardeio supostamente sofisticado e bem-comportado das generalidades vazias, dos preconceitos dissimulados, das mentiras mal-forjadas, dos argumentos mancos e da ideologia disfarçada (igualmente cacarejados nas redes sociais). Basta assistir aos noticiários das grandes emissoras de televisão ou ler as revistas de maior circulação semanal para se ter ideia. O alto clero não percebe (ou talvez não queira perceber!) que ele também, assim como o baixo clero, é submetido a um permanente processo de cooptação. Uma cooptação "ilustrada" por parte daqueles que comandam as decisões cruciais no que se refere à criação e à reprodução da riqueza.

Tampouco as universidades estão imunes a esse processo. Em um livro recente – *The Return of the Master* (*O regresso do mestre* na edição em língua portuguesa) – Robert Skidelsky (2010), o grande biógrafo de Keynes, chama a atenção para o virtual monopólio exercido pelas universidades de Chicago, Harvard e MIT no domínio das disciplinas econômicas. Monopólio direcionado para divulgação de modelos que proporcionaram a base "científica" de sustentação da excelência dos princípios liberais. Fecha-se assim o cerco: os detentores da riqueza, em contubérnio com a mídia e as grandes universidades, formulam as estratégias de defesa de seus interesses particulares, apresentando seus argumentos como verdades universais para o aturdido público espectador.

Vista de uma perspectiva mais ampla, a era do neoliberalismo representou um inegável retrocesso histórico. Ao relançar os homens às engrenagens impiedosas da concorrência, a onda neoliberal reinstaurou a *guerra de todos contra todos*. Todos se lançaram à busca frenética do sucesso, o que produziu uma legião de "perdedores". Os "fracassos" passaram a ser individualizados, provocando decepção e desilusão. Espremidos pela voragem da competição, os que não tiveram acesso a condições dignas de educação e saúde na infância e adolescência, ou aqueles mais tímidos, mais recatados, mais sonhadores, mais dispersivos e, até mesmo, mais íntegros, foram deslocados para as franjas do sistema de êxitos. Não surpreende, portanto, que jovens de 20, 30 ou 40 anos sejam submetidos a recorrentes crises de pânico e depressão.

Assim as coisas caminham hoje, mas não existe nenhuma razão inevitável para que elas sejam assim. Os Anos Dourados mostraram ao mundo que a disciplina do capitalismo é essencial para a difusão do bem-estar social. Por mais que Keynes desprezasse Marx (na verdade,

AS IDEIAS E OS FATOS

como observou Joan Robinson, Keynes nunca entendeu Marx!), há uma convergência notória entre suas visões sobre o funcionamento do capitalismo, inclusive sobre a sociedade com que ambos sonharam. Nela, o grilhão da necessidade não aprisionaria mais aos homens. O imenso potencial produtivo e tecnológico desenvolvido no último século permite que se imagine um futuro em que as carências mais gritantes sejam minoradas ou mesmo suprimidas. Um futuro em que o acesso universal à educação e à saúde, a proteção na velhice e a garantia de empregos permitam que os homens vivam sem sobressaltos. Para que isso se torne possível, é essencial regulamentar as finanças e orientar os investimentos, o que somente será possível mediante a ação racional da mão visível do Estado.

Os homens não nasceram para se enfrentar como cães no terreno sórdido da concorrência desimpedida. Como lembra Gilles Dostaler (2005; 2007) em sua magnífica interpretação de Keynes (*Keynes et ses Combats*; *Keynes and his Battles*, na versão em língua inglesa), os homens foram enviados à Terra para usufruir a beleza, o conhecimento, a amizade e o amor. É esse o espírito que deveria nortear nossas ações.

A DESORGANIZAÇÃO DOS ANOS 1970

1974-1975: INFLAÇÃO E RECESSÃO

Quando Gerald Ford assumiu a presidência dos Estados Unidos, em agosto de 1974, a situação econômica do país era delicada (Tabela 1). O encadeamento entre o choque dos preços agrícolas (janeiro a agosto de 1973), a desvalorização do dólar (março de 1973), a crise do petróleo (outubro de 1973) e o fim do controle de preços (abril de 1974) haviam desencadeado fortíssimas pressões inflacionárias. Apenas no primeiro semestre de 1974, a variação acumulada dos preços ao consumidor foi superior a 6% e não havia indícios de arrefecimento no ritmo da inflação, apesar das políticas contracionistas introduzidas desde meados do ano anterior (Mazzucchelli, 2013, p.207-217). A inflação era, sem dúvida, o foco central das preocupações.[1]

---

[1] "Até o final de 1974, a preocupação central da política econômica era a inflação em franca aceleração" (Macarini, 2007, p.257). "Quando Gerald Ford assumiu a presidência, o desafio crítico era a inflação. O presidente reuniu uma conferência nacional de especialistas para dramatizar o problema. Bótons *WIN – Whip Inflation Now*

106 FREDERICO MAZZUCCHELLI

Tabela 1 – Estados Unidos: variações trimestrais do PNB e dos preços
ao consumidor (1973-1975) (%)

	73 I	73 II	73 III	73 IV
PNB	2,28	0,55	0,41	0,58
Preços	1,96	2,00	2,34	2,21

	74 I	74 II	74 III	74 IV
PNB	-1,80	-0,40	-0,50	-2,40
Preços	3,32	2,66	3,27	2,44

	75 I	75 II	75 III	75 IV
PNB	-2,40	0,82	2,86	1,32
Preços	1,54	1,77	1,87	1,65

Fonte: *Economic Report of the President* (1973, p.244; 1975, p.250, p.300; 1976, p.172, p.220). In Mazzucchelli (2013, p.216).

Ainda que o ataque à escalada de preços tivesse resultado no declínio da produção entre o primeiro e o terceiro trimestre do ano, as atenções estavam prioritariamente voltadas para os elevados níveis de inflação existentes. Foi apenas no último trimestre que as autoridades econômicas se deram conta de que havia uma severa recessão em curso: em janeiro de 1974 havia 4,5 milhões de desempregados nos Estados Unidos (5% da força de trabalho). Em agosto já eram quase 5 milhões e, em dezembro, mais de 6,5 milhões. O desemprego elevou-se até maio de 1975 e alcançou 8,3 milhões de trabalhadores (8,9% da força de trabalho). Na verdade, entre o último trimestre de 1974 e o primeiro trimestre de 1975, a contração da produção assumiu proporções de uma recessão fortíssima, a rigor a queda mais pronunciada da atividade econômica de todo o pós-guerra. Para o infortúnio de Ford, o início de seu mandato foi marcado pela combinação perversa entre inflação e recessão: em termos anuais, o PIB caiu 0,6% em 1974 e 0,2% em 1975. Já a inflação alcançou o extraordinário nível de 12,3% em 1974, baixando para 6,9% em 1975. A taxa média de desemprego saltou de 5,6% para 8,5% entre os dois anos.

["Derrote a inflação agora"], um chamado à ação, foram produzidos e distribuídos" (Biven, 2002, p.180).

O quadro, aliás, não foi distinto nos demais países capitalistas (Tabela 2). No Japão, por exemplo, o PIB caiu 1,2% em 1974 e a inflação alcançou uma cifra próxima a 25%! Na Inglaterra, no mesmo ano, o produto caiu 1,7%, enquanto o nível de preços cresceu 16%. Tais tendências se mantiveram, grosso modo, em 1975: na Inglaterra, o PIB caiu 0,8%, enquanto a inflação saltou para 24%! Na Itália, o PIB declinou 2,6% e o crescimento dos preços foi de 17%. Na Alemanha, o recuo do PIB foi de 1,6%, enquanto no Japão a inflação ainda permaneceu em níveis elevados (12%). Na França, o nível de produção se reduziu em 0,3%, ao passo que a inflação foi próxima de 12%.

A estagflação de 1974-1975 marcou, na verdade, um ponto de inflexão na trajetória dos países capitalistas avançados. Em contraposição à vigorosa expansão dos anos 1950 e 1960, e mesmo em relação ao *boom* sincronizado de 1971-1973,[2] assistiu-se à primeira grande recessão mundial do pós-guerra. Após as décadas dos festejados milagres econômicos e da eficácia das políticas de administração da demanda (*fine tuning*), o núcleo capitalista avançado conheceu uma contração generalizada. É certo que já havia sinais de arrefecimento da acumulação produtiva desde finais dos anos 1960.[3] É certo também que o choque de preços do petróleo teve uma importância crucial na extensão e profundidade da crise. Ademais, o Big Government e o Big Bank impediram o mergulho no desconhecido.[4] Entretanto, de uma perspectiva mais ampla, não resta dúvida que a Grande Recessão de 1974-1975 evidenciou a ruptura definitiva do padrão virtuoso de expansão do pós-guerra.[5]

---

2 A sincronização não se observou em 1970: neste ano, enquanto a França, a Alemanha e o Japão (sobretudo) alcançaram taxas expressivas de crescimento, o mesmo não ocorreu na Inglaterra, na Itália e nos Estados Unidos. No caso norte-americano, a variação do produto foi próxima de zero (Tabela 2).

3 "A taxa de variação do estoque de capital fixo na Alemanha e no Japão – os *pop stars* da expansão capitalista do pós-guerra – começou a declinar já entre 1960-1965 e 1965-1970, respectivamente" (Mazzucchelli, 2013, p.117).

4 Ver, a propósito, as reflexões de Minsky (1986), caps. 2 e 3.

5 Sobre o colapso dos Anos Dourados, ver Mazzucchelli (2013, p.114-112) e o tópico "O fim dos Anos Dourados" (p.94).

Tabela 2 – Variação (%) do PIB e dos preços ao consumidor (1970–1979) (países selecionados)

Ano	Estados Unidos		Alemanha		França		Inglaterra		Itália		Japão	
	PIB	Preços	PIB	Preços	PIB	Preços	PIB	Preços	PIB	Preços	PIB	Preços
1970	0,2	5,6	5,2	3,4	5,7	5,3	2,2	6,4	2,3	5,0	10,7	7,6
1971	3,4	3,3	2,9	5,3	4,8	5,5	2,0	9,4	1,6	4,8	4,3	6,1
1972	5,3	3,4	4,2	5,5	4,4	5,9	3,5	7,1	2,7	5,7	8,4	4,5
1973	5,8	8,7	4,7	6,9	5,4	7,4	7,2	9,2	7,1	10,8	7,9	11,7
1974	-0,6	12,3	0,3	7,0	3,1	13,7	-1,7	15,9	5,4	19,2	-1,2	24,5
1975	-0,2	6,9	-1,6	6,0	-0,3	11,6	-0,8	24,2	-2,6	16,9	2,6	11,8
1976	5,4	4,9	5,4	4,5	4,2	9,6	2,8	16,6	6,6	16,8	4,8	9,4
1977	4,6	6,7	2,9	3,9	3,2	9,4	2,3	15,8	3,4	18,4	5,3	8,1
1978	5,6	9,0	2,9	2,6	3,4	9,1	3,6	8,3	3,7	12,2	5,1	4,2
1979	3,1	13,3	4,2	4,5	3,2	10,8	2,8	12,2	6,0	14,8	5,2	3,3
1980	-0,3	12,5	1,4	5,5	1,6	13,6	-2,2	18,0	4,3	21,2	4,4	8,0
1981	2,5	8,9	0,2	6,3	1,2	13,4	-1,3	11,9	1,0	17,8	3,9	4,9
1982	-1,9	3,8	-0,7	5,3	2,5	11,8	1,7	8,6	0,3	16,5	2,8	2,7
1983	4,5	3,8	1,5	3,3	0,7	9,6	3,6	4,6	1,1	14,6	3,2	1,9

Fonte: *Economic Report of the President* (2010, p.333; p.404); Maddison (1991, p.217–279; p.305–307).

AS IDEIAS E OS FATOS

1976-1979: O VOO DA GALINHA

A partir de 1976 os países capitalistas avançados retomaram, ainda que brevemente, a trilha do crescimento. O fôlego da expansão foi curto, mas um destaque especial deve ser dado ao desempenho da economia norte-americana. Jimmy Carter foi eleito presidente em novembro de 1976, em uma disputa extremamente renhida com Gerald Ford (50,08% versus 48,01% nos votos populares e 297 versus 240 no Colégio Eleitoral). Ford trazia ainda as marcas de Watergate, do perdão a Nixon e da humilhação no Vietnã, enquanto Carter representava o reencontro da América com os valores protestantes e o respeito aos direitos humanos.[6] Em termos econômicos, apesar de o biênio 1974-1975 ter sido especialmente ruim, o ano de 1976 apresentou resultados bastante favoráveis a Ford: o PIB cresceu acima de 5% e a inflação teve uma redução substancial em relação aos dois anos anteriores (caindo de 12,3% e 6,9%, respectivamente, para 4,9%). O desemprego, entretanto, situava-se em níveis ainda elevados (7,7% no ano, tendo alcançado a taxa de 8,5% em 1975).

Foi exatamente o combate ao desemprego a principal bandeira de Carter. O esforço inicial de sua administração (com Charles Schultze à frente do *Council of Economic Advisers*) foi direcionado para a obtenção do pleno emprego. A inflação, na avaliação dos assessores presidenciais, deixara de ser um problema, o que abrira espaço para pacotes de estímulo destinados a reanimar a atividade econômica e reduzir o nível de desocupação. Ao longo de 1977, a economia, de fato, cresceu (4,6%) e a taxa de desemprego declinou (7,1%). O crescimento trouxe, contudo, a irrupção de um vultoso déficit na conta de transações correntes (US$ 14,4 bilhões frente a um superávit de US$ 4,3 bilhões no ano anterior). O déficit em transações correntes passou a ser entendido – por muitos – como a manifestação externa de uma política econômica permissiva, que privilegiava o crescimento em detrimento da estabilidade de preços.

---

6 Para uma análise crítica das administrações Ford e Carter, centrada nos aspectos políticos locais e nas relações internacionais, ver Fontana (2011, p.563-603).

Já no segundo semestre de 1977, teve início um processo de especulação contra o dólar, que iria se prolongar por todo o ano de 1978. A estratégia norte-americana (por meio da Missão Mondale em janeiro 1977, do London Economic Summit em maio de 1977 e do Bonn Summit em julho de 1978) foi envolver Alemanha e Japão em um esforço conjugado de expansão que – em tese – atenuaria os desequilíbrios externos: com o crescimento conjunto, tanto o déficit norte-americano quanto os superávits dos alemães e japoneses se reduziriam. Os alemães, sobretudo, lançaram sérias suspeitas sobre a proposta dos Estados Unidos: o zelo germânico pela estabilidade monetária era muito maior que as considerações expansionistas dos norte-americanos. Se o fantasma da recessão assombrava os norte-americanos, o espectro da inflação aterrorizava os alemães.

O fato é que em 1978, com a economia em expansão, o déficit em transações correntes novamente alcançou a casa de US$ 15 bilhões. A inflação, ao mesmo tempo – influenciada por elevações atípicas do preço dos alimentos e das habitações –, saltou para o preocupante nível de 9%. A desvalorização do dólar prosseguiu[7] e começou a se tornar claro para os assessores presidenciais que a inflação se convertera em um problema, assim como era um problema a contínua depreciação da moeda norte-americana. *Se Ford assumiu a presidência atormentado pela inflação e terminou às voltas com a recessão, o percurso de Carter foi o inverso: preocupado inicialmente com o desemprego e a recessão, seu mandato terminou totalmente engessado pela escalada da inflação.*

A administração Carter não permaneceu inerte em face da mudança do patamar inflacionário. Sua maior preocupação era a de combater a elevação de preços sem promover o aumento do desemprego. Afinal, como já referido, a "batalha pelo emprego" conformava seu maior objetivo. O instrumento escolhido foi a política de rendas: o governo deveria agir como um árbitro, estabelecendo parâmetros para o reajuste de preços e salários. A política de rendas teve sucessivas conformações, condicionadas pela evolução dos preços: de início

---

7 "Entre o outono de 1977 e o outono de 1978, o marco alemão se apreciou 11% em relação ao dólar e o iene em quase 29%" (Biven, 2002, p. 114).

AS IDEIAS E OS FATOS

(abril de 1977) os parâmetros foram meramente informais e indicativos (*informal guidelines*). A aceleração inflacionária em 1978 resultou na implementação da "estratégia de desaceleração", anunciada em abril de 1978. Ainda neste ano, em outubro, a administração optou pela adoção de parâmetros quantitativos (*formal guidelines*). A adesão dos trabalhadores ao programa tornava-se cada vez mais complexa, já que a resiliência da inflação era clara: os preços cresciam a uma taxa trimestral próxima ou superior a 2%, o que impunha um desafio aos sindicatos. Sua postura tornou-se mais incisiva: enquanto a inflação não caísse, eles não iriam restringir suas demandas salariais.

Não bastasse isso, os compromissos assumidos pelos Estados Unidos no Bonn Summit de julho tinham implicações inflacionárias evidentes. Europeus e japoneses acusavam-nos não apenas de serem lenientes no combate à inflação doméstica, mas também de concederem subsídios aos preços dos combustíveis, que resultavam em importações maciças de petróleo. O aumento na demanda externa norte-americana – argumentavam Alemanha e Japão – resultava na elevação internacional dos preços do petróleo, com efeitos danosos sobre a economia mundial. Seu pleito em Bonn – em contrapartida à adesão às políticas expansivas reivindicadas por Carter – foi de que os Estados Unidos cortassem os referidos subsídios, o que resultaria na elevação do preço dos combustíveis para os consumidores norte-americanos. A partir de junho de 1979, em cumprimento aos compromissos firmados, os Estados Unidos liberaram o preço dos combustíveis. Desde então já estava em curso o segundo choque internacional dos preços do petróleo, culminando na introdução de um novo e irrecorrível vetor de custos na economia. A elevação do preço dos combustíveis fez-se acompanhar – por razões não relacionadas – da falta de gasolina nos postos, com desgaste político evidente para o presidente (Biven, 2002, p.177).

Na verdade, a administração Carter foi vítima de importantes choques de oferta, que explicam, em grande medida, a escalada da inflação em seu período: alimentos e habitação em 1978, e energia, alimentos e habitação em 1979 (Blinder, 1981, p.215-216; Biven, 2002, p.191-193). Em setembro de 1979, a administração ainda conseguiu um acordo nacional, com a fixação de novos parâmetros para o reajuste de preços e salários. A política de rendas era, contudo, inócua, já que os itens de preço com variação mais pronunciada não eram cobertos pelos parâmetros de preços e salários (*wage price guidelines*). A conclusão é que "mesmo se a política de rendas tivesse sido 100% efetiva em restringir os salários, os preços teriam crescido em uma trajetória preocupante. [...] A tentativa de manter uma política de rendas crível era um exercício fútil" (Biven, 2002, p. 193-194).

A desvalorização do dólar caminhava de mãos dadas com a aceleração inflacionária. Para alguns membros da administração democrata, a depreciação da moeda norte-americana não seria necessariamente um mal: em derradeira análise, ela forçaria os países superavitários (Alemanha e Japão) a empreender políticas expansionistas. O suposto era que a valorização das respectivas moedas (marco e iene) terminaria prejudicando as exportações alemãs e japonesas, com consequências danosas sobre a produção e o emprego. A alternativa seria, assim, o recurso ao estímulo da demanda doméstica. Dessa forma, caso a "estratégia da locomotiva" (ação expansionista conjunta entre Estados Unidos, Alemanha e Japão) não fosse levada a efeito de maneira consensual, ela – ao fim e ao cabo – seria implementada por vias indiretas. Independentemente da veracidade de tais suposições ou do prazo de sua efetivação, o fato é que o desconforto em relação ao *status* internacional do dólar se avolumou ao longo de 1978, forçando o governo norte-americano a lançar um pacote de sustentação do dólar no início de novembro. As taxas de juros foram elevadas e o governo passou a promover intervenções mais agressivas no mercado de câmbio. Em 1979, o iene interrompeu sua trajetória de valorização, mas o dólar ainda se desvalorizou frente ao marco. Somente a partir de 1980, com a continuidade da política de juros altíssimos de Volcker (iniciada em outubro de 1979), a tendência de desvalorização do dólar foi interrompida (*Economic Report of the President*, 1990, p. 418).

Uma proposta de *tax cut* destinada a estimular a atividade econômica marcou o início do governo Carter. No final de 1978 – em meio à aceleração inflacionária, à desvalorização do dólar, às críticas dos europeus e japoneses e às resistências dos sindicatos à política de rendas –, a administração enveredou, a contragosto, por um caminho ortodoxo. É certo que a taxa de desemprego ainda declinou entre 1977 e 1979, de 7,1% para 5,8%. Em 1979, contudo – no contexto do segundo choque do petróleo –, o combate à inflação e a reafirmação da hegemonia da moeda norte-americana induziram Volcker (*chairman* do Fed desde julho) a promover uma elevação sem precedentes na taxa de juros. Não apenas o produto recuou e o desemprego aumentou, mas o mundo também mergulhou em uma nova recessão, à maneira de 1974-1975. Espremido entre a pressão dos liberais – comandados pelo senador Edward Kennedy – e as acusações de incompetência da *far right* liderada por Reagan, o sonho de Carter e de sua equipe de promover uma expansão sustentada se esfacelou. Entre 1976 e 1979, os países capitalistas empreenderam uma breve recuperação. Entre 1980 e 1982 estavam todos na lona (Tabela 2).

ATRIBULAÇÕES POLÍTICAS

Do ponto de vista político, as tendências eram complexas. Destaque-se, de antemão, que entre 1974 e 1979 a taxa de inflação sempre permaneceu próxima ou superior aos dois dígitos, tanto na França quanto na Itália ou na Inglaterra. A persistência da inflação em elevados patamares colocou o conflito distributivo no centro das disputas políticas: os trabalhadores, no afã de preservar seus rendimentos reais, multiplicavam suas demandas. Os patrões, em face do declínio da produtividade, acusavam os sindicatos de exigir reajustes inviáveis. Em confronto permanente, ambos os lados responsabilizavam seus oponentes pela escalada dos preços e pelo aumento do desemprego.

Na Inglaterra, os trabalhistas voltaram ao poder com Harold Wilson (1974) e, na sequência, com James Callaghan (1976-1979). Os constrangimentos econômicos, entretanto, limitaram severamente os raios de manobra do Labour. Com a oposição dos sindicatos e as condicionalidades impostas pelo Fundo Monetário Internacional (FMI) em 1976, os trabalhistas se viram compelidos a praticar políticas ortodoxas, com o que a marcha da economia se tornou recorrentemente letárgica. O pacto Lib-Lab (Liberals and Labour) de 1977-1978 – que, em tese, poderia assegurar condições mais favoráveis de governabilidade – foi incapaz de conter a insatisfação dos trabalhadores: as ondas de greves se multiplicaram por todo o país, culminando no Winter of Discontent de 1978-1979. Na Itália, paralelamente à aprovação do divórcio e à escalada da violência terrorista, a esquerda obteve avanços sucessivos. Em 1975, além da vitória nas principais eleições municipais, foi introduzido o mecanismo de indexação salarial nos contratos de trabalho, garantindo a preservação do poder de compra dos trabalhadores. Em 1976, o Partido Comunista Italiano (PCI) registrou uma votação histórica, alcançando 34,4% das preferências eleitorais. O avanço da esquerda italiana, em meio à proposta do compromisso histórico anunciada por Enrico Berlinguer em 1973, suscitou, de outra parte, a pronta reação de Kissinger, que se opôs explicitamente (abril de 1976) ao aumento da influência dos comunistas no governo. A demência terrorista, por seu turno, culminou com o assassinato de Aldo Moro, líder da democracia-cristã, em maio de 1978.

Na Alemanha, a ascensão de Helmut Schmidt em maio de 1974 manteve os sociais-democratas no poder, dando continuidade à *Ostpolitik* (abertura ao Leste) inaugurada por Willy Brandt. Se as condições econômicas – sobretudo em relação ao emprego e à inflação – eram mais favoráveis em comparação aos principais parceiros europeus, as circunstâncias políticas, assim como na Itália, foram marcadas pela escalada do terrorismo. Os atentados e sequestros se multiplicaram ao longo dos anos 1970, prosseguindo ainda que com as mortes na prisão (certamente assassinatos) dos principais líderes do Grupo Baader-Meinhof, em 1976 e 1977.

Na França, a eleição de Giscard d'Estaing, em 1974, garantiu uma orientação conservadora no enfrentamento das atribulações econômicas. Assim como nos demais países europeus, passada a recessão de 1975, o crescimento do PIB foi apenas modesto, com a inflação permanecendo ainda em patamares elevados (próximos aos dois dígitos) e o desemprego oscilando entre 4% e 6%. Ao contrário do ocorrido

AS IDEIAS E OS FATOS

na Alemanha e na Itália, a França, ao longo dos anos 1970, não foi palco da ação de grupos terroristas: a oposição de esquerda permaneceu circunscrita ao âmbito parlamentar e, em 1981, daria o primeiro mandato ao socialista François Mitterrand. Em Portugal, Grécia e Espanha, os regimes ditatoriais de décadas ruíram entre 1974 e 1975, fato que, de início, suscitou preocupações em relação ao futuro político dos respectivos países. A transição democrática foi, contudo, ordenada e pacífica: não houve qualquer ruptura radical, e os três países, sem maiores percalços, ajustaram-se à condição de sócios menores no espaço capitalista europeu. Fortemente dependentes do turismo, *a soma* do PIB dos três países representava, em 1975 – a título de exemplo –, apenas dois terços do PIB da França (Maddison, 2000, p.181 e p.185).

Havia, sem dúvida, uma clara interpenetração entre as dificuldades econômicas e as atribulações políticas no interior dos países capitalistas centrais. O crescimento exuberante dos Anos Dourados se esvaíra, o que redundou no enfraquecimento das normas de colaboração e coesão social que haviam caracterizado a expansão capitalista no pós-guerra. Esse foi o pano de fundo das convulsões sociais e políticas dos anos 1970. A queda da produtividade, a desaceleração do crescimento e a escalada da inflação tornaram mais difícil a acomodação das tensões de classe que inevitavelmente ocorrem nas sociedades capitalistas. Em paralelo à crise econômica sobrepunha-se uma crise de sociabilidade, fermentada desde as manifestações do final dos anos 1960. Sobretudo no âmbito das classes médias, na contestação da família tradicional, na busca da liberdade sexual e sensorial, na condenação da ética capitalista, na luta pelo avanço dos direitos civis, na crítica aos canais formais de condução da luta política (repúdio ao reformismo), na condenação da violência imperialista – processos gestados ao longo dos anos 1960 –, todos esses movimentos se prolongaram na década de 1970, em meio a um ambiente econômico agora hostil, em que as oportunidades de emprego e a possibilidade de preservação dos rendimentos reais se viam seriamente ameaçadas. As sociedades se encontravam fragmentadas e divididas, sem que fosse possível ainda divisar uma alternativa: nem as forças conservadoras dispunham do apoio político necessário para promover uma guinada ortodoxa radical, nem as forças progressistas conseguiam reunir condições para continuar a luta em defesa do pleno emprego e do aprimoramento do Welfare State. O impasse era claro: o consenso keynesiano se encontrava fragilizado, as divisões sociais se aprofundavam, mas a correlação política existente impedia a definição clara dos rumos a serem perseguidos. O capitalismo triunfante do pós-guerra transformara-se, nos anos 1970, em uma roda que girava em falso.

RELAÇÕES INTERNACIONAIS

Se havia um impasse no interior das nações, ele existia igualmente na relação entre as nações. Desde o governo Nixon, as relações entre os Estados Unidos e os demais países capitalistas tornaram-se problemáticas. O anúncio unilateral da ruptura da conversibilidade do dólar em ouro (agosto de 1971), acompanhado da imposição de uma sobretaxa às importações, chocou os japoneses e tornou os europeus mais céticos quanto às possibilidades de uma colaboração econômica mais estreita com os norte-americanos (Mazzucchelli, 2013, p.195-201). Esses países haviam se beneficiado do recorrente déficit do balanço de pagamentos dos Estados Unidos nos anos 1950 e 1960, haviam modernizado seus respectivos parques industriais, haviam ocupado o mercado nacional norte-americano, haviam adotado estratégias de proteção à indústria local, haviam se lançado à competição mundial com o apoio dos respectivos Estados – e se viam, agora, diante de um gigante que buscava defender sua indústria e reafirmar a supremacia de sua moeda. Todos tinham plena consciência de que os sistemáticos déficits externos norte-americanos ameaçavam a conversibilidade do dólar em ouro. No entanto, nem todos tinham consciência de como se daria o desfecho desse processo.

O tiro de grosso calibre das Guns of August mostrou ao mundo que os Estados Unidos não estavam mais dispostos a pagar qualquer preço para a expansão do capitalismo europeu e japonês. O sentido das medidas de Nixon e Connally (Secretário do Tesouro) foi o de promover a desvalorização cambial sem detrimento da hegemonia do dólar, remover os obstáculos às exportações norte-americanas e forçar os europeus a assumirem maiores compromissos na manutenção da defesa comum (Matusow, 1998, p.169). A declaração da inconversibilidade do dólar e a imposição do sistema de taxas flexíveis de câmbio em 1973 decretaram o fim das regras de conduta e colaboração acordadas em Bretton Woods em 1944. Os tempos agora eram outros: a Europa e o Japão já exibiam capitalismos triunfantes e a missão dos Estados Unidos de "salvá-los do comunismo" mediante recorrentes concessões já estava cumprida. Na perspectiva norte-americana, era chegada a hora de os Estados Unidos defenderem seus próprios interesses: não se iria mais tolerar a discriminação contra suas exportações, a abertura generosa de seus mercados, a perda de empregos para europeus e japoneses e as contestações à soberania internacional do dólar.

Isso não significou a reafirmação automática da hegemonia da moeda norte-americana. Em fins dos anos 1970, particularmente entre 1977 e 1979, observou-se uma discrepância entre o comportamento da inflação nos Estados Unidos e na Alemanha e Japão. Nesse triênio, a inflação nos Estados Unidos não só foi sensivelmente superior à dos referidos países, mas também apresentou uma tendência nitidamente crescente, em oposição ao que se observou nos dois casos (Tabela 2). O resultado foi a contínua desvalorização do dólar frente ao marco e ao iene, o que não impediu a sucessão de déficits nas transações correntes nos Estados Unidos e a acumulação de superávits na Alemanha e no Japão (Macarini, 2007, p.45). Os Estados Unidos – como já se observou – pressionaram os dois países a estimular as respectivas economias, o que, em tese, permitiria suavizar o déficit das contas externas norte-americanas: se as economias alemã e japonesa acelerassem seu ritmo de crescimento – acompanhando a marcha da "locomotiva" norte-americana – suas importações deveriam se elevar, o que beneficiaria as exportações dos Estados Unidos. A Alemanha se opunha a essa estratégia, com receio da ameaça inflacionária supostamente implícita. Mais ainda, as sucessivas intervenções nos mercados de câmbio destinadas a evitar a apreciação exagerada do marco (compra de dólares) suscitavam o ressentimento do Bundesbank por redundarem na expansão da oferta monetária local. Os Estados Unidos eram vistos como negligentes e irresponsáveis no tratamento da inflação, o que se traduzia na sistemática desvalorização do dólar. O *status* internacional da moeda norte-americana passou a ser mais uma vez contestado, começando a circular, inclusive, propostas destinadas a substituir o dólar por outros instrumentos monetários na denominação dos contratos mundiais. Os impasses dos anos 1970, como se observa, abrangiam as próprias relações no interior do núcleo capitalista avançado.

No âmbito das relações políticas internacionais, dois fatos merecem referência especial: a derrota norte-americana no Vietnã e a mudança de curso na Guerra Fria. A queda de Saigon, em abril de 1975, marcou o fim definitivo da guerra. As cenas dramáticas dos norte-americanos sendo retirados às pressas por helicópteros do teto da embaixada representaram um duro golpe no prestígio internacional dos Estados Unidos. Os norte-americanos fracassaram militarmente em uma guerra que, além de sanguinária, demonstrou-se inútil em sua totalidade; e fracassaram estrategicamente, já que a fantasiosa "teoria do dominó" (base do intervencionismo no Sudeste Asiático), segundo a qual a queda de uma peça acarretaria a queda em cadeia de todas as demais, revelou-se completamente falsa. Com a derrota norte-americana, apenas Camboja e Laos caíram em mãos dos comunistas. No primeiro caso, as atrocidades cometidas pelo Khmer Vermelho propiciaram a reação dos vietnamitas, que invadiram o país em dezembro de 1978. Em retaliação, a China (contrária ao alinhamento dos vietnamitas à União Soviética) promoveu uma breve incursão militar ao Norte do Vietnã no início de 1979. Tais fatos ilustram o simplismo da percepção que até então havia orientado as ações militares dos norte-americanos na Ásia. A complexidade e as contradições do tabuleiro político local simplesmente não cabiam na oposição tosca comunismo *versus* "mundo livre". A derrota no Vietnã abalou seriamente a credibilidade internacional dos Estados Unidos, lançando fundadas dúvidas sobre sua capacidade de conduzir com descortino e liderar com responsabilidade os rumos da aliança ocidental.

AS IDEIAS E OS FATOS

Três meses após a queda de Saigon, a assinatura do Acordo de Helsinki (em julho-agosto de 1975) marcou o apogeu e, ao mesmo tempo, o início do fim da *détente*. Fragilizados pela derrota no Vietnã, os Estados Unidos assistiram à ampliação da influência da União Soviética sobre a África (Angola, Moçambique, Etiópia) e até mesmo sobre o Oriente Médio (Iêmen do Sul).[8] Na verdade, a partir de meados dos anos 1970, o clima de crescente cordialidade forjado entre as duas superpotências desde o final da década anterior transfigurou-se em um progressivo estranhamento. O arranjo de distensão, cuidadosamente cultivado por Nixon, Kissinger e Brejnev, começou a desfazer-se em meados dos anos 1970. Os soviéticos, ao se voltarem para a África, minaram a *détente*; a invasão do Afeganistão, em dezembro de 1979, decretou seu fim. Ali os soviéticos viriam a conhecer seu Vietnã...

A China, por sua parte, no afã de reafirmar sua independência no interior do bloco socialista, procurando limitar a influência soviética no Sudeste Asiático e na África, não hesitou em condenar a invasão do Afeganistão. Após as mortes de Chu En-lai e Mao Tsé-Tung (janeiro e setembro de 1976) – e passado o torvelinho sucessório com a condenação da Camarilha dos Quatro –, as preocupações dos chineses se concentraram na busca da modernização econômica, o que supunha a normalização das relações diplomáticas com os Estados Unidos, finalmente alcançada em 1979. Em janeiro, os Estados Unidos receberam a visita oficial de Deng Xiaoping, novo líder chinês. O estreitamento das relações políticas era, desde logo, vantajoso para ambas as nações: na perspectiva norte-americana, a aproximação com a China representava um importante contrapeso às ações e pretensões dos soviéticos e a abertura de um gigantesco mercado potencial. Na perspectiva chinesa, as preocupações com o avanço econômico supunham a aproximação com os Estados Unidos, o acesso a recursos e tecnologia em larga escala e um relativo distanciamento em relação à União Soviética.

---

8 "Entre 1975 e 1979, o balanço de poder na Guerra Fria se moveu firmemente em favor da União Soviética" (Bell, 2001, p.327). Ver também Philips (2001, p.185).

Ainda no início de 1979, um fato crucial se somou aos demais condicionantes da política externa norte-americana: a Revolução Islâmica no Irã. A ascensão do aiatolá Khomeini trouxe em seu âmago um fortíssimo componente antiocidental e, sobretudo, antiamericano. As consequências, como se sabe, foram dramáticas: em meados do ano teve início uma nova alta internacional dos preços do petróleo e em novembro deu-se a ocupação da embaixada dos Estados Unidos em Teerã, em um calvário que se prolongou por 14 infindáveis meses.

INSTABILIDADE E ANOMIA

Como se percebe, a instabilidade pontilhou os anos 1970. O esgotamento do padrão virtuoso de crescimento do pós-guerra foi o pano de fundo das tensões que afloraram nos países capitalistas avançados ao longo da década. O fim das normas monetárias acordadas em Bretton Woods (fim da conversibilidade do dólar e taxas flexíveis de câmbio), a quadruplicação dos preços do petróleo iniciada em 1973, a expansão do espaço supranacional de circulação dos capitais isentos de regulação prudencial (euromercado), o forte impacto da recessão de 1974-1975, a queda generalizada da taxa de investimento na indústria entre 1975-1980 (com a consequente redução dos ganhos de produtividade), a mudança do patamar inflacionário e o questionamento da centralidade da moeda norte-americana indicavam um ambiente econômico radicalmente distinto daquele prevalecente nos anos 1950 e 1960.

É importante assinalar que a onda de prosperidade das duas décadas anteriores engendrou regras de atuação, acordos políticos e consensos estratégicos que não poderiam se alterar automaticamente em face da reversão das condições econômicas. As referências do pleno emprego, dos ganhos reais de salários e da proteção aos cidadãos permaneceram vivas ao longo dos anos 1970, condicionando a ação e as propostas dos partidos políticos e dos sindicatos. A restauração conservadora de Nixon, por exemplo, não teve como fundamento a busca consciente da deflação, a desmontagem do aparato

AS IDEIAS E OS FATOS

sindical ou o ataque frontal ao Welfare State. O resgate e a reentronização dos caquéticos valores morais da chamada América Profunda é que orientaram suas ações. Da mesma forma, as promessas eleitorais de Jimmy Carter, bem como as medidas iniciais de sua administração, foram explicitamente direcionadas para a reconquista do pleno emprego. A atuação dos sindicatos na Inglaterra, na Itália ou na França, na mesma linha, não foi fruto – nos anos 1970 – de uma súbita ou inesperada radicalização, com o consequente abandono dos protocolos de reivindicação do passado recente. Ao contrário, os protocolos permaneceram os mesmos; o cenário econômico é que era agora distinto. A piora das condições da economia tornou mais difícil a composição de interesses entre capital e trabalho. O clima de colaboração entre empresários e trabalhadores, que caracterizou os anos 1950 e 1960, não poderia mais ser reeditado diante da queda da taxa de investimento, do declínio da produtividade e da escalada da inflação. As estratégias, que antes eram em grande medida solidárias e prospectivas, tornaram-se defensivas: os trabalhadores passaram a defender seus empregos e rendimentos, e os empresários passaram a defender suas margens de lucro. O que surgiu como a radicalização de um conflito de classes foi, na verdade, a manifestação exterior do declínio endógeno da taxa de acumulação – que, por meio da redução da produtividade, limitava as possibilidades de ganhos reais de salários e lucros – em meio à disparada da inflação, em uma proporção até então não vista no pós guerra.

O estreitamento das oportunidades de emprego e as dificuldades de preservação dos rendimentos reais certamente contribuíram para uma sensação de desalento, insegurança e pessimismo. É claro que se trata de fenômenos mais complexos, mas não há dúvida que um contexto dessa natureza favoreceu a proliferação, sobretudo em parcelas da classe média, de experimentos individualistas (salvação pelo isolamento, pelas drogas, pela vida em comunidade) e de ações voluntaristas no âmbito da luta política. Se "o sistema" não oferecia oportunidades e se revelava opressivo, duas alternativas se apresentavam a um contingente não desprezível de jovens nos anos 1970: a "recusa ao sistema" por meio do recolhimento ou a luta heroica pela sua "derrubada" por meio das armas. O fato é que, a contragosto, as sociedades passaram a conviver com taxas mais elevadas de desemprego (ainda inferiores às que se observariam nos anos 1980) e com uma maior incerteza em relação ao futuro. A persistência da inflação contribuía para o aumento da insatisfação, sem que as forças políticas à esquerda ou à direita apresentassem alternativas factíveis.

Como já se observou, a instabilidade no interior das sociedades fez-se acompanhar de tensões no plano das relações internacionais: a desmoralização dos Estados Unidos diante da derrota no Vietnã, o avanço soviético sobre a África, a invasão do Afeganistão, as incertezas dos rumos da aliança ocidental em meio ao colapso da *détente*, as críticas à negligência dos Estados Unidos no combate à inflação, as suspeitas em relação ao dólar, a eclosão da revolução iraniana, o segundo choque do petróleo em 1979 e as dificuldades em alcançar soluções cooperadas entre os países capitalistas avançados indicavam uma mudança no quadro internacional, cuja característica mais marcante era o questionamento da liderança norte-americana. Os Estados Unidos eram, sem dúvida, os líderes da aliança ocidental, mas sua legitimidade era cada vez mais contestada.

Vistas em retrospecto, as atribulações dos anos 1970 devem ser entendidas como a expressão de um processo mais amplo: *a dissolução da ordem do pós-guerra*. Em vez da estabilidade das taxas de câmbio e do controle sobre o fluxo de capitais (consagrados em Bretton Woods), prevaleciam agora a dança das moedas e a expansão do euromercado, livre das regulamentações dos Bancos Centrais. Em vez da inquestionável supremacia econômica dos Estados Unidos, existia agora a disputa renhida entre as corporações norte-americanas e os oligopólios japoneses e europeus. Em vez da soberania do dólar – outrora *as good as gold* –, assistia-se agora a questionamentos ao *status* internacional da moeda norte-americana, em processo de franca desvalorização. Em vez do petróleo barato, comandando a matriz energética dos países capitalistas, surgia agora a ação concertada da Organização dos Países Exportadores de Petróleo (Opep) destinada a preservar e ampliar o ganho real de suas exportações. Em vez da expansão dos investimentos e da elevação continuada da produtividade, observava-se agora o

AS IDEIAS E OS FATOS

declínio endógeno da taxa de acumulação com a consequente queda do valor agregado pelos trabalhadores. Em vez do crescimento continuado e da inflação em patamares irrisórios, irrompiam agora as recessões e as variações abruptas do nível de preços. Em vez da elevação dos lucros e dos salários reais, aparecia agora luta distributiva, com empresários e trabalhadores em permanente conflito. Em vez do compromisso com o pleno emprego e o aprimoramento do Welfare State, proliferavam agora as críticas às políticas de administração da demanda (*fine tuning*) e ao peso excessivo do Estado. Em vez do temor consensual ao comunismo – que unia a aliança ocidental –, entravam agora em cena a *détente*, a *Ostpolitik*, a aproximação com a China e as estratégias nacionais de condução da política externa. Em vez dos nexos de solidariedade que uniam os cidadãos, ressurgia agora a celebração do individualismo competitivo ou do isolamento comunitário. Em vez da legitimação da disputa política pelos canais formais de representação (partidos e parlamento), eclodia agora, em alguns países, a contestação violenta do capitalismo por meio da luta armada. Em vez da harmonia real ou imposta, aprofundava-se agora a contestação aos padrões pretéritos da vida social (família, sexo, aborto) e se ampliava a luta das mulheres e das minorias. A percepção era de anomia, de uma instabilidade que não poderia mais perdurar.

A SOLUÇÃO CONSERVADORA

A solução dos impasses, como se sabe, deu-se pela via conservadora. Na Inglaterra, a persistência da crise econômica (baixo crescimento, inflação em dois dígitos, níveis desconfortáveis de desemprego), as pressões do FMI pelo corte dos gastos públicos, a onda de greves e a estreita e instável base parlamentar de apoio dos trabalhistas criaram um ambiente de inoperância e insatisfação, astutamente explorado pelos conservadores: *Labour isn't working* anunciava um gigantesco pôster do Partido Conservador, exibindo uma fila interminável de desempregados (Lynch, 2008, p.108). Nas eleições de maio de 1979, enquanto os trabalhistas praticamente mantiveram a votação obtida em 1974 (11,5 milhões), os votos consagrados aos conservadores saltaram de 10,5 para 13,7 milhões. A ascensão de Margaret Thatcher (que permaneceria até novembro de 1990 no poder) representou um golpe mortal nas tradições de solidariedade forjadas na Inglaterra do pós-guerra. Os anseios reformistas de Beveridge e Keynes e a política de defesa do emprego dos anos 1950 e 1960 foram sumariamente abandonados.[9] *There is no alternative* foi o enganoso pretexto esgrimido por Thatcher para dar início a um processo radical de liberalização econômica, de corte dos benefícios sociais e de perseguição implacável aos sindicatos. As consequências sociais foram dramáticas: a taxa média de desemprego, de 5,45% entre 1975-1978, saltou para 10,57% entre 1980-1986. A emergência de Thatcher no cenário político mundial representou uma vitória das forças que há algum tempo lutavam contra a presença ordenadora e reguladora do Estado nas relações econômicas. Representou também a vitória dos estrategistas ocidentais que clamavam por um endurecimento nas relações com a União Soviética. Representou, não menos, uma tentativa desarrazoada de ressuscitar o antigo espírito imperial britânico pela insensata invasão das Malvinas Argentinas em abril de 1982.

A posição da Inglaterra no contexto internacional era, contudo, subalterna. A maré conservadora de Thatcher pouca importância teria no contexto global se dissociada dos eventos que ocorriam nos Estados Unidos. Quer no plano da orientação econômica ou da estratégia geopolítica, os arroubos liberais e belicistas de Thatcher seriam, a rigor, irrelevantes em um plano mais amplo, caso desconectados das transformações existentes nos Estados Unidos. Dois fatos cruciais foram decisivos.

Primeiro, a dramática elevação das taxas de juros em outubro de 1979. Quando Paul Volcker foi indicado por Carter para o comando do Federal Reserve Bank (Fed), em julho de 1979, ficou claro que o combate à inflação se tornara primordial. A aceleração inflacionária

---

9 Ver, a propósito, *The Spirit of '45*, instigante documentário dirigido por Ken Loach, 2013.

AS IDEIAS E OS FATOS

do início do ano – fortemente condicionada pela nova elevação internacional dos preços do petróleo – forçou a administração democrata a abandonar, a contragosto, a meta do pleno emprego. A taxa de desemprego havia se reduzido sistematicamente ao longo dos anos Carter: em 1976 (último ano da gestão Ford) a taxa alcançou o nível de 7,7%, caindo sucessivamente para 7,1%, 6,1% e 5,8% entre 1977-1979. Após o choque de outubro, a Federal Funds Rate (e, com ela, as demais taxas) sofreu uma elevação abrupta, saltando de 7,94% em 1978 para 11,20% em 1979, e 13,35% em 1980. O sinal foi claro: os Estados Unidos não seriam mais "negligentes" (acusação de Helmut Schmidt) no combate à inflação e a supremacia da moeda norte-americana não seria mais contestada. Em 1979 o dólar interrompeu sua trajetória de desvalorização frente ao iene e, no ano seguinte, seria a vez do marco estancar seu processo de valorização (a partir de 1981, com a continuidade da política de Volcker, a tendência de valorização do dólar seria generalizada, estendendo-se até o Acordo do Plaza de 1985) (*Economic Report of the Presidente*, 1990, p.418). O forte aperto monetário produziu consequências previsíveis: o desemprego voltou a subir para 7,1% em 1980 e o crescimento do PIB tornou--se negativo (com destaque para a forte queda do segundo trimestre). Entretanto, a inflação – o mal maior a ser combatido – permaneceu em níveis alarmantes ao longo do ano, situando-se na casa de dois dígitos (12,5%). Não poderia haver cenário econômico mais desfavorável para Carter nas eleições de novembro de 1980.

O segundo fato foi a eleição de Ronald Reagan, explicada, em grande medida, pelas consequências da brutal elevação das taxas de juros. A vitória de Reagan foi arrasadora. Com 50,75% dos votos populares e 90,9% dos votos no Colégio Eleitoral, sua *far right* abandonou definitivamente as propostas reformadoras presentes na política norte-americana desde o New Deal de Roosevelt. Com inegável competência, Reagan soube explorar as alegadas "fraquezas" de Carter. Fraqueza na condução da política externa, consubstanciada na invasão da embaixada dos Estados Unidos em Teerã, na desastrada operação de resgate de abril de 1980 e na impotência frente à angústia dos reféns (somente libertados pelo Irã no último dia do mandato de Carter, em janeiro de 1981). Fraqueza na relação com a União Soviética, expressa na invasão do Afeganistão pelos soviéticos em dezembro de 1979. Fraqueza na devolução do Canal do Panamá aos panamenhos. Fraqueza na condução da economia internacional, ao permitir por anos consecutivos o questionamento da hegemonia do dólar. Fraqueza na gestão da política econômica, evidenciada na queda do PIB, no aumento do desemprego e na persistência da inflação em níveis elevados em 1980. A pergunta certeira de Reagan – *"Are you better than you were four years before?"* – calou fundo nos eleitores da "maioria silenciosa", enquanto contingentes que tradicionalmente acompanhavam os democratas (negros, latinos, pobres), desiludidos com a política e resignados com sua condição inferior na sociedade, sequer compareceram às urnas.

Reagan foi um homem com uma oratória de impacto e poucas (e toscas) ideias. Suas crenças sempre foram simples e rasteiras: *cortar os impostos pagos pelos ricos*, de modo a estimular o espírito de iniciativa e assim reerguer a atividade econômica; *reduzir o peso do governo*, de modo a atenuar a carga tributária, livrar a sociedade do peso da proteção aos "vagabundos" e libertar as empresas do arsenal de regulamentações governamentais; *aumentar os gastos com a defesa*, de modo a assegurar a supremacia militar norte-americana; estabelecer, a partir da superioridade militar, uma *guerra sem tréguas ao comunismo*. Suas propostas eram notoriamente contraditórias, já que o presidente – em seu simplismo – também era adepto ao equilíbrio orçamentário. O expressivo aumento dos gastos militares – cerca de oito pontos percentuais do PIB ao longo de seu mandato, em comparação com a média dos anos Carter (*Economic Report of the President*, 2010, p.424) –, em meio aos anos de recessão e à renúncia tributária, resultou em déficits recorrentes das contas federais e na brutal elevação da dívida pública, que saltou de 33,4% do PIB em 1980 para 51,9% em 1988. O déficit nas contas públicas fez-se acompanhar do déficit nas contas externas, com a acumulação sequencial de resultados negativos em transações correntes. Nos anos Reagan, os Estados Unidos converteram-se em uma nação devedora, importadora de capitais. Os títulos do Tesouro norte-americano reafirmaram seu *status* de *safe haven*, absorvendo os saldos líquidos dos investidores locais e internacionais, ao mesmo tempo em que se transformaram na base de um amplo processo de inovação e multiplicação de ativos, que excitou e revolucionou as praças financeiras mundiais a partir dos anos 1980.

O início do mandato de Reagan foi marcado por uma severa recessão: ao longo de sete trimestres consecutivos, entre 1981 II e 1982 IV, em nada menos de cinco deles o produto se contraiu. O desemprego saltou para a casa de 10% em 1982-1983. A inflação, contudo, foi finalmente debelada: de 8,9% em 1981, a variação de preços situou-se ao redor de 3,8% entre 1982 e 1985. Além de deflagrar a crise da dívida externa dos países da periferia capitalista (com destaque para a moratória mexicana de 1982), os juros de Volcker derrubaram a economia mundial (Tabelas 2 e 3).

Tabela 3 – Taxa de desemprego (1980-1983) – países selecionados

	EUA	Alemanha	França	Inglaterra	Itália	Japão
1980	7,1	3,0	6,3	6,4	7,5	2,0
1981	7,6	4,4	7,4	9,8	7,8	2,2
1982	9,7	6,1	8,1	11,3	8,4	2,4
1983	9,6	8,0	8,3	12,4	8,8	2,6

Fonte: Economic Report of the President (2010, p.372); Maddison (1991, p.263-265).

A contração da produção e a elevação do desemprego atingiram em cheio o núcleo avançado do capitalismo. Na Inglaterra de Thatcher, a taxa de desemprego praticamente dobrou entre 1980 e 1983. Na França do socialista Mitterrand (eleito em maio de 1981), o produto despencou em 1983. Na Alemanha, a variação acumulada do PIB foi negativa em 1981-1982. Na Itália, o crescimento no triênio 1981-1983 foi insignificante. No Japão – que teve um desempenho mais favorável em relação aos Estados Unidos e a Europa – o ritmo de crescimento do PIB declinou entre 1980 e 1982. Nos países europeus, foi perfeitamente nítida a associação entre a queda da taxa de inflação e o aumento do desemprego: a curva de Philips (que estabelece uma relação inversa entre a variação dos preços e o nível de desocupação), tida como obsoleta ou sepultada na estagflação dos anos 1970, ressuscitou a partir do arrocho monetário liderado pelo Fed desde o final de 1979. Por meio da contração do crédito, da quebra da resistência dos sindicatos e da elevação do desemprego, a inflação foi, por fim, debelada. Ao mesmo tempo em que – na Europa Oriental e na União Soviética – os alicerces do socialismo real começavam a dar sinais de fadiga, o ajuste ortodoxo no Ocidente infligiu um duro golpe aos assalariados e despossuídos.

A partir de 1984, os países capitalistas ocidentais retomariam uma trajetória de crescimento com estabilidade de preços. Tratou-se, contudo, de um crescimento mais modesto se comparado ao desempenho das décadas de 1950 e 1960. Não apenas mais modesto, como também mais injusto: o desemprego tornou-se "estruturalmente" maior, com uma visível piora na distribuição da renda. No âmbito social, o pacto de solidariedade do pós-guerra cedeu lugar à exaltação desabrida do individualismo e à reimposição das normas darwinistas da concorrência. No entanto, o crescimento não se tornou apenas mais modesto e mais injusto: ele se tornou também mais instável. As transformações dos anos 1980 trouxeram em seu âmago a crescente predominância das finanças na orientação das políticas macroeconômicas e um irreversível processo de migração das grandes empresas industriais para a Ásia. O predomínio das finanças – além da tutela sobre os Bancos Centrais e da supressão das normas prudenciais de regulação – resultou na multiplicação das inovações financeiras e na ampliação das modalidades de valorização meramente especulativa dos capitais. A escala de suas operações tornou-se gigantesca, encurralando o exercício das políticas monetária, fiscal e cambial, de modo a engendrar variações abruptas expressas nos ciclos de inflação e desvalorização de ativos, com efeitos determinantes sobre a produção, a renda e o emprego. A migração manufatureira, por sua parte, determinou o enfraquecimento dos sindicatos e a virtual exclusão dos trabalhadores das alianças de poder, que comandam as decisões cruciais nos países capitalistas centrais.

O desfecho conservador rompeu os impasses que tumultuavam a vida econômica, política e social ao longo da década de 1970. A

AS IDEIAS E OS FATOS

ordem que emergiu a partir das "revoluções" de Thatcher e Reagan não guardou mais nenhuma semelhança com os compromissos firmados no pós-guerra. Os acordos políticos que deram sustentação a mais de duas décadas de crescimento virtuoso foram sumariamente rompidos. A desorganização dos anos 1970 colocou em xeque os princípios de colaboração e solidariedade forjados a partir das memórias da Grande Depressão e dos horrores da guerra. Os desarranjos econômicos e as atribulações políticas proporcionaram munição aos grupos de interesse que reivindicavam a restauração da lógica nua e crua dos mercados. A ação ordenadora e reguladora do Estado, os sindicatos e o próprio Welfare State passaram a ser vistos como excrescências e anomalias, responsáveis pelas turbulências que afetavam as sociedades. Segundo o mantra conservador, havia Estado demais, intervenção demais, sindicatos demais, proteção demais, política demais – o que só atrapalhava o funcionamento dos mercados. Era necessário libertar as energias da livre iniciativa do peso de tais constrangimentos.

A vitória conservadora relançou os homens às engrenagens impessoais da concorrência. A fantasia dos mercados autorregulados despejou milhões de trabalhadores nos desvãos da desocupação e do subemprego. A guinada liberal da década de 1980 representou um inegável retrocesso histórico em relação às conquistas e realizações do pós-guerra. Nesse sentido, em seus desencontros, *os anos 1970 foram a antessala de uma derrota*, o momento de transição de uma estrutura pactuada e disciplinada da vida econômica rumo a uma ordenação desigual e sem rosto, que reinstaurou a insegurança no seio das sociedades.

A CRISE ATUAL EM UMA PERSPECTIVA HISTÓRICA
1929 E 2008[1]

A profundidade da crise que assola parte significativa do sistema financeiro mundial terá, certamente, impacto sobre a evolução dos agregados econômicos reais (produção, investimento, emprego etc.). Já se torna evidente que a economia mundial ingressou em uma fase de desaceleração ou recessão, cujo desfecho é ainda desconhecido. É inevitável, nesse contexto, que surjam comparações entre o momento atual e a experiência dramática da Grande Depressão, que subverteu o mundo, sobretudo entre 1929 e 1933.

Seguramente o peso da riqueza financeira em relação ao produto, a sofisticação (e opacidade) das operações financeiras e a interligação entre os vários segmentos dos mercados em escala global são hoje infinitamente maiores do que no final dos anos 1920. A dimensão recente alcançada pela riqueza financeira (quase quatro vezes superior ao PIB mundial) e a escala real ou nocional das perdas incorridas sugerem que estamos diante de um processo monumental de desvalorização de ativos, muitas vezes superior ao que se assistiu há quase

---

1 Uma versão ampliada deste texto foi publicada na *Revista Novos Estudos Cebrap,* São Paulo, v.27, n.3, p.57-66, nov. 2008.

oitenta anos. A conclusão que daí poderia advir é que o curso dos acontecimentos será, em consequência, mais dramático e doloroso do que em 1929-1933.

Felizmente, tal conclusão não se sustenta. É necessário assinalar que, em primeiro lugar, face à eclosão da crise, a intervenção dos governos foi imediata. O credo liberal e a panaceia dos mercados "eficientes" ou "autorregulados" foram sumariamente abandonados e o Estado assumiu, com maior (Inglaterra) ou menor (Estados Unidos) grau de acerto, a responsabilidade pela defesa das instituições financeiras, pela provisão da liquidez, pela garantia integral dos depósitos e pela tentativa de evitar a todo custo o aprofundamento da contração de crédito. Sem a pronta e contínua injeção dos recursos públicos o colapso teria sido total. A ação dos governos consiste em buscar a restauração do circuito do crédito-gasto-renda, nem que para tanto seja necessário estatizar (ainda que parcial e temporariamente) parcela significativa do sistema financeiro.

Uma intervenção vigorosa, como a que assistimos no presente momento, seria impensável em 1929. Não se deve esquecer que o *conventional wisdom* nos anos 1920 era determinado pelas regras do padrão-ouro. Em particular, as ações expansionistas (sobretudo fiscais) eram vistas com suspeição por alimentar a inflação e precipitar, dessa forma, a desvalorização cambial. Câmbio fixo e orçamentos equilibrados conformavam uma unidade indissociável. A defesa do câmbio era o objetivo supremo, que condicionava a política monetária e, na prática, anulava a política fiscal. Os Estados Unidos retornaram ao padrão-ouro em 1919, a Alemanha em 1923, a Inglaterra em 1925 e a França, de fato, em 1926. Quando da eclosão da turbulência de 1929, Hoover em nenhum momento cogitou abandonar o padrão-ouro. Brüning (que comandou o gabinete alemão a partir de março de 1930) procurou combater a recessão com a deflação. A França, desde o *franc Poincaré*, cultivou sua devoção ao ouro até setembro de 1936 e, da mesma forma, insistiu na tentativa de impor a deflação como remédio para a depressão. Mesmo após a desvalorização da libra em setembro de 1931, a Inglaterra, apesar de praticar uma política de *cheap money*, permaneceu circunscrita a uma política

AS IDEIAS E OS FATOS

fiscal conservadora. Nem mesmo Roosevelt conseguiu se desvencilhar do dogma dos orçamentos equilibrados: em 1937, seu esforço em "sanear" as finanças públicas redundou na "recessão da depressão" de 1938. Somente Hitler, desde 1933, praticou uma política deliberada de expansão dos gastos públicos. O austero Hjalmar Schacht, zeloso guardião da moeda alemã entre 1923 e 1930, garantiu sua recondução ao posto em 1933 mediante o compromisso explícito, assumido com o *Führer*, de envolver diretamente o Reischsbank no financiamento dos gastos do governo.

A verdade é que, à exceção do experimento nazista, corações e mentes – à direita e à esquerda – professavam naquele então sua crença mítica nas virtudes das *sound finances*. Seria impensável, em 1930 ou 1931, que um economista escrevesse, poucos dias após ser laureado com o Prêmio Nobel, que face à extensão da crise "não é hora de pensar no déficit" (Paul Krugman). Ao contrário da experiência traumática da Grande Depressão, a disposição à intervenção estatal é hoje, portanto, um elemento determinante que diferencia nitidamente as iniciativas da política econômica. Este é um fator decisivo que projeta um futuro menos sombrio para a evolução da crise atual.

Existe, por outra parte, uma clara semelhança em relação à origem dos distúrbios que resultaram na Grande Depressão e os que estão por detrás da presente convulsão. Em ambos os casos, a *débâcle* foi precedida pela fragilidade da regulação e pelo relaxamento na percepção dos riscos, o que redundou em uma febre especulativa de consequências desastrosas. A inevitável proliferação de operações financeiras de lastro duvidoso, alavancadas pela expansão desmesurada do crédito, configura um traço comum dos dois momentos históricos. Em finais dos anos 1920 e início dos anos 1930, era ainda limitado o grau de regulação e controle exercido pela Autoridade Monetária sobre o conjunto do sistema financeiro. No caso dos Estados Unidos – o epicentro do terremoto de 1929-1933 –, destacava-se a proliferação de bancos de pequeno e médio porte, muitos deles fora da área de supervisão do Fed. Ao mesmo tempo, a inexistência de um "muro de contenção" entre os bancos comerciais e os bancos de investimento permitiu que os primeiros se envolvessem em operações de alto risco, comprometendo de modo temerário os recursos dos depositantes.

As respostas iniciais à crise de 1929 (ao contrário das intervenções atuais) foram completamente insuficientes e desastrosas: as ações de *lender of last resort*, do mesmo modo que as iniciativas no plano fiscal, eram incompatíveis com os mandamentos sagrados do padrão-ouro. O resultado foi a propagação das quebras, a contração da produção e a explosão do desemprego. Entre 1930 e 1933, os Estados Unidos assistiram a três ondas de liquidação bancária que vitimaram nada menos que 11 mil bancos. Na Alemanha, a quebra do gigante Danat em julho de 1931, face à impotência da intervenção do Reischsbank, marcou um ponto de inflexão decisivo no aprofundamento do desespero econômico que terminou por conduzir os nazistas ao poder.

Tanto nos Estados Unidos quanto na Alemanha, a superação dos desdobramentos mais profundos da crise passou pela imposição de critérios de regulação mais rígidos sobre o sistema financeiro. Se Roosevelt, empossado em março de 1933, alcançou sucesso inegável em quebrar a espiral contracionista foi porque, desde o início, promoveu o saneamento do setor bancário e estabeleceu, na sequência, as bases da regulamentação do sistema financeiro mediante um conjunto de dispositivos legais criados entre 1933 e 1935. Hitler e Schacht, por sua vez, converteram o sistema financeiro alemão em um braço operacional do Reischsbank. Nos dois casos, a disciplina sobre as finanças privadas foi essencial para que as economias se levantassem dos escombros da depressão.

Da mesma forma, a superação da atual crise deverá contemplar a implementação de um novo marco de regulação para o sistema financeiro. Como se sabe, nos anos 1970 e 1980, o aparato regulatório da Golden Age (a chamada "repressão financeira") foi desmontado, em nome da imaginada eficiência das "finanças comandadas pelo mercado". Hoje, face ao descalabro e descontrole das operações financeiras que redundaram na atual crise, não há mais quem negue a necessidade imperiosa de reintroduzir padrões rígidos e rigorosos que disciplinem o funcionamento do sistema financeiro em âmbito nacional e internacional. Em particular, a regulamentação sobre o *shadow financial system* (bancos de investimento, fundos de investimento, *hedge funds*, seguradoras) e a redefinição de suas relações com os bancos comerciais mostram-se essenciais para assegurar uma estabilidade mínima às economias capitalistas. A consciência de que é fundamental retomar a regulação sobre o mundo das finanças privadas e a decisão de utilizar os recursos públicos para mitigar a propagação da crise constituem pontos essenciais. É claro que a imposição de um novo marco regulatório para as finanças privadas não se dará em um piscar de olhos, mas a percepção de sua urgência, ao mesmo tempo em que o Estado atua diretamente e sem ressalvas sobre a solvência do sistema financeiro, permite antever – passada a atual tormenta – um funcionamento menos turbulento para o mundo das finanças.

É necessário, ademais, atentar para um dado importante. No início dos anos 1930, a coordenação internacional se tornou uma quimera. Era absolutamente impossível compatibilizar as ações do New Deal com as propostas nazistas, e ambas com o grupo do ouro liderado pela França ou com a área da libra comandada pela Inglaterra. Nos anos 1930, a ordem internacional se estilhaçou e deu origem a distintos blocos de nações, em que os países se envolveram em ações essencialmente defensivas, redundando na escalada do protecionismo, nas desvalorizações competitivas e na busca de soluções autárquicas. A ausência de coordenação supranacional foi uma característica marcante dos anos 1930. Ela ensejou a tentativa de saídas particularistas para a crise, acirrou as rivalidades nacionais e permitiu livre curso às alternativas autoritárias. Felizmente, não é este o quadro que hoje se apresenta. Mesmo diante das naturais dificuldades em se alcançar soluções consensuais, existe um *interesse comum* entre Estados Unidos, Europa, Japão e China para evitar a propagação da crise. Hoje, a ação coordenada (manifestada, por exemplo, na redução conjunta da taxa de juros) tende a ser mais plausível – e factível – do que as soluções particulares e isoladas (*beggar thy neighbor*) típicas dos anos 1930.

Existe, por fim, uma diferença significativa entre as atuais atribulações econômicas e o contexto da Grande Depressão, que não pode ser desprezada. No início dos anos 1930, a proporção da população economicamente ativa empregada nas atividades agrícolas e extrativas era próxima a um quarto nos Estados Unidos e a um terço na Alemanha. Com a depressão, dada a maior sensibilidade dos preços agrícolas às variações da demanda, a renda real da população empregada no campo despencou. No contexto norte-americano, a contração da renda real dos agricultores, entre 1929 e 1932, foi superior a 50%, arrastando uma infinidade de bancos do Sul e do Meio Oeste à falência. Somente por meio de uma ação tempestiva de defesa e sustentação dos preços agrícolas é que a profundidade e a duração da depressão poderiam ser mitigadas. De fato, parcela relevante dos recursos públicos administrados pelo New Deal e pelos nazistas foi direcionada exatamente para a reversão do quadro devastador que se abateu sobre a agricultura. Hoje, essa questão sequer é colocada: nem a proporção da população empregada no campo é relevante nem a participação da agricultura na criação de renda tem uma expressão econômica digna de maiores preocupações. É provável, entretanto, que o mercado imobiliário de hoje seja a agricultura de ontem: a dimensão da crise do *subprime* ainda não é mensurável. O próprio secretário do Tesouro norte-americano afirmou que "o problema real é que os bancos de todo o mundo fizeram empréstimos arriscados. [...] A coisa mais espantosa é a dimensão do problema". A cadeia de empréstimos "sujos" associados à especulação com imóveis ainda não foi desmontada, sendo assim possível que o socorro da intervenção pública se torne tão intenso e prolongado quanto o foi para retirar a agricultura da vala da depressão nos anos 1930.

As considerações anteriores indicam que não é previsível para a crise atual um desdobramento semelhante ao da Grande Depressão. Nada autoriza, contudo, uma perspectiva candidamente otimista. A extensão dos estragos é ainda desconhecida e o impacto sobre o setor produtivo seguramente será profundo. Apenas a decidida intervenção do Estado tem evitado um descalabro de maiores proporções. A necessidade de retomar a regulamentação sobre o sistema financeiro é reconhecida, mas sua implementação certamente será precedida por desacordos substanciais e demandará tempo para ser efetivada. Da

AS IDEIAS E OS FATOS

mesma forma, apesar de o ambiente internacional favorecer a busca de soluções cooperadas, não se deve imaginar que elas sejam simples e isentas de contradições, em particular no que diz respeito ao papel dos Estados Unidos e do dólar no contexto mundial.

A crise atual representa, na verdade, uma derrota fragorosa do liberalismo irrefletido que contaminou os espíritos nos últimos trinta anos. A fé cega na capacidade de regulação dos mercados é um dogma que acompanha o capitalismo desde o seu nascimento. Desde a *Fábula das Abelhas* de Mandeville ("vícios privados, virtudes públicas") até os modelos de expectativas racionais de última geração, o suposto é sempre o mesmo: os mercados possuem uma racionalidade imanente que garante o funcionamento ótimo da economia. O ambiente dos anos 1920, sobretudo nos Estados Unidos, estava carregado dessa convicção, que também inundou a política, a academia e o mundo dos negócios a partir da guinada conservadora de Thatcher e Reagan. Os *roaring twenties* nos Estados Unidos culminaram com a Grande Depressão, e a euforia das finanças desregulamentadas culminou no desastre atual. A grande lição que resta desses dois episódios dramáticos é que, definitivamente, o capitalismo não pode ser deixado à mercê dos capitalistas...

UMA NOVA ESTRUTURAÇÃO DO CAPITALISMO MUNDIAL?[1]

A ação desimpedida dos mercados financeiros desregulados culminou com uma crise de proporções gigantescas. Não fosse a intervenção decidida dos Tesouros e das Autoridades Monetárias (sobretudo nos Estados Unidos), as consequências do desastre financeiro teriam sido catastróficas. A aparente calma e o discreto otimismo atual dos mercados não devem ocultar um fato fundamental: o raio que atingiu o coração do sistema financeiro internacional precipitou uma crise de dimensões profundas. A economia mundial ainda permanece atordoada pelos efeitos do golpe de 2008. No caso norte-americano, o endividamento generalizado das famílias e os percalços do sistema bancário (com a consequente retração dos empréstimos) tornam problemática a perspectiva de uma retomada consistente dos gastos. A teia das dívidas, a fragilização financeira e a aversão ao risco ainda inibem a recuperação sustentada do consumo e do investimento. As estimativas recentes indicam a continuidade da escalada do desemprego nos Estados Unidos e na Europa. Nos chamados países emergentes (com destaque para a

---

1 Publicado na *Revista Princípios*, São Paulo, n. 104, nov./dez. 2009.

China), a situação é menos crítica, mas o crescimento se mostra incapaz de irradiar estímulos cumulativos em uma escala global.

Ainda é cedo para tecer comentários seguros sobre a evolução provável da economia mundial. As avaliações mais otimistas especulam sobre a possibilidade de uma trajetória em forma de V (uma contração seguida de uma recuperação continuada). Os pessimistas prognosticam uma trajetória em forma de L (uma contração seguida de uma prostração prolongada) ou em forma de W (uma contração seguida de uma recuperação abortada). Independentemente da forma que venha a assumir a tendência de variação da economia internacional, parece claro que a atual crise é muito mais do que um simples momento de recessão. O que assistimos hoje não configura apenas mais um ponto de baixa, uma singela inflexão, no curso natural de um "ciclo normal de negócios". A crise atual traz implícita a possibilidade de uma transformação relevante na própria estruturação do capitalismo em termos mundiais.

Para esclarecer essa questão é conveniente relembrar as grandes estruturações do capitalismo ao longo do século XX.

A AGONIA DA ORDEM LIBERAL BURGUESA E A DESORDEM DO ENTREGUERRAS

O início do século XX assistiu aos estertores da chamada ordem liberal burguesa. A ordem comandada pela Inglaterra – que tinha no padrão-ouro e no livre-câmbio seus pilares essenciais – já manifestava, na virada do século, sinais de progressiva exaustão. A agilidade das estruturas produtivas, comerciais e financeiras dos Estados Unidos e da Alemanha (em particular a centralização dos capitais e a associação entre seus bancos e a indústria) havia transformado os referidos países nos principais promotores e beneficiários da segunda Revolução Industrial (motor a combustão interna, química, petróleo, aço, eletricidade etc.) e relegado a indústria inglesa a uma posição secundária na concorrência mundial. A Inglaterra, nessa conjuntura, deixara de ser a "oficina do mundo". Não se tratava, contudo, de uma

AS IDEIAS E OS FATOS

nação enfraquecida: sua força advinha da presença internacional de suas finanças, da extensão e relevância de seu Império e do poder de sua Marinha. A hegemonia mundial inglesa, contudo, dava mostras de um progressivo esvaecimento: a exacerbação da concorrência interestatal e intercapitalista, o avanço imperialista sobre a África e a Ásia, a corrida protecionista e as divisões políticas no seio da Europa indicavam que a *Pax Britanica* estava com os dias contados.

A carnificina da Primeira Guerra Mundial, dentre tantas sequelas, também vitimou a Inglaterra. Apesar de vitoriosa nos campos de batalha, a nação tornou-se devedora dos Estados Unidos, os reais vencedores da guerra. A ordem internacional que daí emergiu – a segunda estruturação do capitalismo em termos mundiais no século XX – revelou-se, contudo, visivelmente precária e constitutivamente instável. Os Estados Unidos se isolaram em sua perspectiva continental e passaram a viver, nos anos 1920, o seu transe comemorativo republicano. A Inglaterra e a França, senhoras da diplomacia mundial, foram incapazes de proporcionar um ambiente internacional estável: basta lembrar que a União Soviética, a Alemanha e os próprios Estados Unidos não faziam parte da Liga das Nações. As perspectivas econômicas, da mesma forma, não eram animadoras: apenas quando os capitais privados norte-americanos irrigaram o mundo (em particular, a Alemanha) é que se conheceu um breve sopro de crescimento. Nem Inglaterra nem França, ademais, tinham força econômica suficiente para ditar os rumos da economia mundial. Não bastasse isso, a política econômica inglesa – constrangida pelos requisitos fiscais e monetários da volta ao padrão-ouro – em diversos momentos assumiu contornos nitidamente deflacionários. Ao longo de toda a década de 1920, por exemplo, o número de trabalhadores desempregados na Inglaterra sempre foi superior a um milhão!

A Grande Depressão explicitou de maneira dramática a fragilidade da estruturação mundial dos anos 1920. As engrenagens da deflação e das políticas econômicas associadas à defesa do padrão-ouro lançaram milhões de desempregados às ruas por todo o mundo. Nos Estados Unidos e na Alemanha cerca de um terço da força de trabalho estava desocupada em 1932. A eleição de Roosevelt e a ascensão dos nazistas ao poder foram apenas as consequências mais visíveis do vendaval econômico que se abateu sobre esse período. Ao protecionismo somaram-se, na década de 1930, as chamadas desvalorizações competitivas. A contração do comércio internacional se fez acompanhar pela formação de quatro grandes blocos monetários: a área do dólar, a área da libra, o bloco do ouro (liderado pela França) e o bloco das trocas bilaterais (comandado pela Alemanha). Nada mais restara da imponente arquitetura dos tempos vitorianos: em vez da paridade fixa, a manipulação deliberada do câmbio; em vez da livre movimentação das mercadorias, o fechamento intencional dos mercados nacionais; em vez da supremacia mundial da libra, os blocos monetários independentes; em vez do dogma dos orçamentos equilibrados, a recorrência voluntária ou involuntária dos déficits; em vez do mito da autorregulação dos mercados, a dura realidade das falências em cadeia e do desemprego em massa.

Com a Grande Depressão, diga-se, o liberalismo econômico sofreu um revés seriíssimo: a presença do Estado na regulação das relações econômicas e na própria promoção do crescimento passou a ser entendida como inevitável. A crença religiosa nas supostas virtudes sociais da operação espontânea dos mecanismos da concorrência foi duramente abalada. As forças do mercado haviam lançado o mundo ao desastre. O New Deal, a experiência sueca, a política econômica do nazismo e até mesmo a breve e fracassada tentativa do Front Populaire na França (1936-1938) representaram experimentos, sem dúvida, distintos, mas que partiram todos de uma mesma premissa: a incapacidade de os mercados desregulados promoverem o bem-estar público. Essa premissa seria central na estruturação virtuosa que se implantaria na economia mundial (a terceira, ao longo do século XX) após a Segunda Guerra Mundial.

A ERA DE OURO

A nova ordenação mundial do capitalismo teve por base algumas características centrais: em primeiro lugar, a afirmação da incontrastável

AS IDEIAS E OS FATOS

liderança norte-americana. Do ponto de vista econômico, financeiro, tecnológico ou militar e, consequentemente, também do ponto de vista político, a supremacia dos Estados Unidos tornou-se inquestionável. As dificuldades materiais e financeiras decorrentes da guerra, a derrota militar (caso da Alemanha e do Japão) e a eclosão da Guerra Fria converteram os demais países capitalistas em súditos fiéis da vontade imperial norte-americana. Apenas sob seu manto protetor, os referidos países poderiam se reconstruir e colher os benefícios do crescimento.

O ponto decisivo é que a proposta estratégica dos Estados Unidos tinha como eixo central o crescimento e o fortalecimento do capitalismo em âmbito mundial. Este seria o antídoto mais eficaz para a "contenção do comunismo". O interesse norte-americano implicava, assim, o desenvolvimento e a expansão das relações capitalistas na Europa Ocidental e no Japão. Por essa razão, os inimigos da guerra prontamente se transformaram em aliados estratégicos do pós-guerra. Passada a sanha inicial das punições em relação aos derrotados, o objetivo primordial da política norte-americana (desenhada pelo Departamento de Estado) foi o de garantir o aprofundamento das relações capitalistas por meio da própria difusão de seu padrão manufatureiro. Isso redundou na expansão do investimento direto dos Estados Unidos na Europa e no Japão e, ao mesmo tempo, no fortalecimento dos grupos econômicos locais.

É importante destacar que, no pós-guerra, era enorme o campo para a mimetização do modelo norte-americano na Europa e no Japão. Tratava-se de regiões que não haviam ainda abraçado as modalidades de produção e distribuição em massa, sobretudo na área de bens de consumo durável. As migrações, ademais, nos dois casos haviam alterado o panorama demográfico (em 1948, por exemplo, havia cerca de oito milhões de refugiados na Alemanha do Oeste e cerca de seis milhões de repatriados no Japão) o que, de um lado, representava um grave problema social a ser enfrentado, mas, de outro, indicava a existência de um amplo reservatório de mão de obra passível de pronta utilização. O Plano Marshall, por sua parte, permitiu que a Europa se libertasse da aguda escassez de divisas que a sufocava. A Guerra da Coreia, na sequência, produziu estímulos consideráveis sobre as exportações japonesas e alemãs. Os gastos militares e o afluxo direto dos investimentos dos Estados Unidos no exterior a partir da década de 1950, por fim, permitiram que os dólares norte-americanos provessem uma fonte permanente de liquidez para a economia mundial. Mas não se tratava apenas da expansão capitalista pura e simples. Esta deveria se fazer de maneira minimamente ordenada, para que os ganhos de produção e de produtividade se traduzissem não só no crescimento do emprego, mas também na elevação do poder aquisitivo da população e na extensão da rede de proteção social. A experiência traumática dos anos 1920 e 1930, as agruras da guerra e a presença incômoda do gigante soviético indicavam que era chegada a hora de o capitalismo mostrar sua face progressista. Para tanto, era necessário que os cânones liberais fossem definitivamente revistos, que os preceitos keynesianos fossem considerados e que a participação do Estado na regulação da vida econômica dos países fosse consagrada de modo duradouro. O Big Bank e o Big Government se transformaram assim em características distintivas da expansão capitalista do pós-guerra.

O pleno emprego foi erigido como meta a ser perseguida. Esse objetivo orientou a aplicação da política monetária e fiscal: as inflexões descendentes da atividade econômica deveriam ser corrigidas por meio da redução dos juros e da expansão dos gastos públicos. De vital importância, nesse contexto, foi a sustentação da chamada "repressão financeira": os sistemas nacionais de crédito foram direcionados para o financiamento da acumulação e do consumo, o que implicou a segmentação e a especialização das instituições financeiras (implementadas, no caso dos Estados Unidos, com o New Deal); a fixação de tetos para as taxas de captação e empréstimos; o controle sobre os fluxos internacionais de capitais de curto prazo; a supervisão estrita das operações dos mercados de valores; e a imposição de requisitos prudenciais rígidos das operação dos bancos. Em alguns casos, o próprio Estado – por meio do crédito público – incumbiu-se de criar linhas especiais de fomento para os setores considerados prioritários. A volatilidade das paridades monetárias foi atenuada após as correções de 1949, de maneira que os juros e o câmbio se converteram em âncoras

AS IDEIAS E OS FATOS

estáveis para a formação das expectativas. Foi um conjunto de circunstâncias (o apoio norte-americano, o espaço para a introdução de novos métodos produtivos, a ampla disponibilidade de força de trabalho, o direcionamento do crédito, o uso consciente das políticas fiscal e monetária, a ausência de turbulências monetárias e o comando sobre a política industrial e de comércio exterior) que operou no sentido da sustentação de níveis elevados de investimento e consumo na Europa Ocidental e no Japão do pós-guerra.

A consolidação do Estado de Bem-Estar Social (programas universais de saúde, educação e previdência; salário mínimo; seguro-desemprego, regulamentação da jornada de trabalho, entre outros), por último, definiu um novo marco estrutural para as relações entre o capital e o trabalho, sobretudo na Europa Ocidental. A sorte dos indivíduos deixou de ser decidida apenas pelos azares do mercado. O Estado tornou-se responsável pela vida dos cidadãos, "do berço à sepultura" (*from the cradle to the grave*). Em um ambiente de taxas excepcionais de crescimento do produto (6% em média, ao ano, para a Alemanha, entre 1950 e 1973; 5,2% para a França; 5,6% para a Itália e 9,2% para o Japão), não há dúvida que a chamada "construção política" do pós-guerra foi plenamente exitosa.

O CAPITALISMO DESREGULADO

Tal construção, entretanto, não resistiu a seu próprio êxito. A Europa Ocidental e, sobretudo, o Japão, por mais de duas décadas conheceram taxas extraordinárias de crescimento. Os grandes capitais europeus e japoneses não só alcançaram o patamar do padrão norte-americano (*catching up*), mas também se converteram em concorrentes poderosos dos Estados Unidos em escala global. Após um longo período de expansão e internacionalização, era previsível que as oportunidades de investimento se estreitassem. O arrefecimento do ritmo de acumulação daí decorrente resultou na redução geral do ritmo de crescimento das economias capitalistas avançadas. Essa inflexão se fez acompanhar de distúrbios na ordem monetária internacional, que culminaram com o fim da conversibilidade em ouro da moeda norte-americana (1971), a desvalorização do dólar e o primeiro choque do petróleo (1973). A contração da taxa de crescimento, por sua parte, afetou as receitas fiscais e o emprego. Nesse contexto de baixo crescimento, as grandes empresas – no intuito de proteger sua rentabilidade – viram-se compelidas a rever a estrutura de custos (salários e matérias-primas) e a sustentar ou a elevar o *mark up*, o que resultou na combinação perversa entre inflação e estagnação. A contração das receitas tributárias, por último, fez aparecer como "excessivos" os gastos associados à preservação do Estado de Bem-Estar Social.

O colapso do chamado "consenso keynesiano", entretanto, foi acima de tudo político. Por cerca de um quarto de século, as forças econômicas haviam sido encapsuladas pela política. As turbulências dos anos 1970 facilitaram a desmontagem do grande acordo do pós-guerra. De um lado, a Guerra Fria de há muito já havia cristalizado e consolidado as zonas de influência relevantes dos Estados Unidos e da União Soviética por todo o mundo. Os conflitos porventura existentes eram rigorosa e intencionalmente circunscritos (Vietnã, por exemplo). Nos países capitalistas avançados, o "perigo vermelho" já não era senão uma remota e ultrapassada lembrança de final dos anos 1940 e início dos anos 1950. Não havia, na verdade, qualquer real ameaça à revisão das normas e referências que orientaram a expansão capitalista do pós-guerra. Em um quadro de baixo crescimento e elevada inflação, não foi difícil atribuir à intromissão "indevida e excessiva" do Estado a responsabilidade pelos percalços que o mundo capitalista atravessava. As dificuldades dos anos 1970 foram o combustível que alimentou a explosão liberal dos anos 1980. A eleição de Reagan coroou essa transformação radical das convenções até então existentes. A queda do Muro de Berlim em 1989 e a dissolução da União Soviética em 1991, por fim, converteram o paradigma liberal em um credo eufórico. Os apóstolos da "nova ordem" asseguravam que o capitalismo revigorado – livre das amarras da política – poderia infundir uma onda definitiva de progresso e bem-estar para a humanidade. Os resultados, contudo, foram medíocres.

AS IDEIAS E OS FATOS

A elevação das taxas de juros pelo Fed, em outubro de 1979, no intuito de derrubar a espiral ascendente dos preços e reafirmar a centralidade do dólar no mundo, precipitou uma forte recessão que, em escala mundial, culminou com a crise da dívida externa dos países da periferia. Ela assegurou, ao mesmo tempo, a prevalência dos interesses financeiros na estrutura de poder norte-americana e, com a forte valorização do dólar, estimulou a deslocalização da grande empresa americana e promoveu a elevação das importações e do déficit em transações correntes, que saltou de 0,2% para 3,4% do PIB entre 1982-1987. Estavam postas as sementes da forma pela qual a economia americana iria se articular com o exterior: transnacionalização produtiva para as áreas com abundância de mão de obra, posição devedora em transações correntes e financiamento do déficit externo por meio das aplicações dos países superavitários e dos recursos do resto do mundo para o exuberante mercado financeiro local.

Não é necessário aqui um exame detalhado das características da ordem neoliberal, a última estruturação do capitalismo no século XX. Alguns pontos, contudo, merecem destaque, até porque são importantes para se avaliar os possíveis desdobramentos da atual crise. A desregulamentação e a importância crescente da chamada "finança direta" implicaram mudanças significativas na estrutura financeira do capitalismo. A liberalização e o desmonte do aparato regulador engendraram uma maior competição entre as instituições financeiras e uma maior assimetria no acesso ao crédito. As inovações financeiras se multiplicaram, e a expansão do endividamento público norte-americano (que saltou de 28,9% do PIB em 1981 para 47,3% em 2007) proporcionou uma ampla oferta de títulos de referência segura (*safe haven*) – patamar nocional mínimo de rentabilidade para as demais aplicações.

A mobilidade do capital se libertou dos grilhões regulatórios do regime anterior e a inflação de ativos – impulsionada pela crescente alavancagem – alcançou proporções inusitadas. A riqueza financeira cresceu exponencialmente, seu componente especulativo (com ações, *bonds*, moedas, imóveis, *commodities* etc.) assumiu

148 FREDERICO MAZZUCCHELLI

uma dimensão absolutamente marcante, aumentando a volatilidade, a opacidade, os riscos e a instabilidade sistêmica. Os ciclos de inflação e deflação dos preços dos ativos tornaram-se recorrentes e os episódios de turbulência financeira se revelaram uma constante a partir de meados dos anos 1980, exigindo a intervenção sistemática dos bancos centrais, do Tesouro americano ou dos organismos multilaterais.[2] Os países que aderiram incondicionalmente aos preceitos da "nova ordem", sem estabelecer políticas consistentes de estímulo às exportações e de controle sobre as contas de capitais, assistiram ao aumento inevitável de sua vulnerabilidade externa.

A partir dos anos 1980, os Estados Unidos passaram a apresentar déficits sistemáticos em suas transações correntes: de início, em uma trajetória ascendente (entre 1982-1987) e, em seguida, em uma tendência decrescente (entre 1988-1991). A partir de 1992, o país definitivamente se converteu em importador líquido de capitais: em 2007 o déficit em transações correntes se situou em níveis próximos de 7% do PIB. Essa foi uma transformação estrutural, que não guardou qualquer relação mais direta com os ciclos de valorização ou desvalorização da moeda americana.[3] A grande empresa americana se projetou para o exterior, exportando empregos e estímulos a outras regiões; parte não desprezível das relações comerciais externas do país passou a se referir às relações entre matrizes e filiais; o déficit comercial do país tornou-se eminentemente manufatureiro e o consumo das famílias – potencializado pelo crédito – pôde valer-se da ampla oferta dos produtos baratos importados do exterior.

É essencial destacar que os constrangimentos fiscais e cambiais se apresentam, nos Estados Unidos, de maneira totalmente distinta:

---

2 Destaquem-se, entre tantos episódios, a crise das Savings and Loans em 1984, a crise da Bolsa de Nova York em 1987, a crise dos imóveis e da Bolsa do Japão em 1990, a crise do sistema monetário europeu em 1992-1923, a crise dos *bonds* e do México em 1994, a crise do Banco Behrings, a crise da Ásia em 1997, a crise do LTCM em outubro de 1998, a crise da Rússia em 1998, a crise do Brasil em 1998-1999, a crise *dotcom* em 2000 e a crise da Argentina em 2001-2002.

3 Grosso modo, o dólar permaneceu valorizado entre 1980-1984; desvalorizado entre 1985-1994; valorizado entre 1995-2001, e desvalorizado entre 2002-2008.

AS IDEIAS E OS FATOS

por deter a moeda universal, o país pode conviver com déficits e dívidas em expansão, desde que – é claro – haja credibilidade em relação à capacidade de o Tesouro norte-americano honrar seus compromissos. Tal credibilidade, na verdade, nunca faltou. Na medida em que os países superavitários e o resto do mundo continuaram dispostos a aplicar seus recursos nos títulos da dívida norte-americana, não houve percalços com o financiamento do déficit externo do país.

Os déficits comerciais norte-americanos e a relocalização do investimento produtivo em escala global, como seria de se prever, irradiaram estímulos generalizados, sobretudo na Ásia. De uma perspectiva estrutural, o fato mais importante a ser destacado foi a criação do chamado "complexo sino-americano". A China emergiu das transformações das últimas décadas como o grande exportador mundial de manufaturados e um dos principais financiadores do déficit norte-americano.

Do ponto de vista da evolução do produto e da criação de empregos, os resultados da "era neoliberal" foram pífios, sobretudo se comparados com a performance da Golden Age. A partir da década de 1980, o crescimento se tornou reduzido, espasmódico e não sincronizado no interior do "núcleo" Estados Unidos, Japão e Alemanha. Em três oportunidades (1980-1982; 1990-1991 e 2000-2001), a economia norte-americana permaneceu virtualmente paralisada. Os casos do Japão e da Alemanha são ainda mais eloquentes: entre 1992-2003, em apenas dois anos a taxa de crescimento do PIB japonês foi superior a 2%. Na Alemanha, entre 1993-2005, em somente três anos a referida cifra foi ultrapassada. Como consequência, as economias capitalistas passaram a conviver com níveis de desemprego sensivelmente superiores. As assimetrias e desigualdades se aprofundaram por todo o mundo capitalista e a fragilização dos mecanismos de proteção social novamente expôs os indivíduos às vicissitudes do mercado.

UMA NOVA ESTRUTURAÇÃO DO CAPITALISMO?

No contexto da atual crise deve ser formulada a questão referente à emergência de uma nova estruturação do capitalismo em âmbito mundial.

O primeiro aspecto a ser considerado diz respeito à posição dos Estados Unidos na ordem mundial. É evidentemente enganoso supor que a presente crise seja um sintoma eloquente do colapso do poder americano. Tal colapso, na verdade, não existe. Existe sim a gestação e o desenvolvimento de uma *ordem multipolar*, que antecede e não se confunde com o vendaval que açoitou o núcleo capitalista avançado a partir de setembro de 2008. Do ponto de vista estritamente econômico, o poder relativo norte-americano é visivelmente mais reduzido hoje do que o foi, por exemplo, na saída da Segunda Guerra Mundial. É notório que se trata de uma comparação suspeita, posto o caráter absolutamente excepcional daquele momento histórico, mas não se deve esquecer que o PIB atual da União Europeia já é superior ao dos Estados Unidos. A força econômica do Japão tampouco pode ser desconsiderada. Além disso, a China é a segunda economia mundial e a reversão de suas perspectivas de crescimento parece bastante improvável. Da mesma forma, as possibilidades estruturais de expansão de algumas economias emergentes indicam que, tendencialmente, será cada vez mais reduzido o peso relativo dos Estados Unidos na criação das riquezas em escala mundial.

Ainda no plano produtivo-econômico, entretanto, não é possível subestimar a liderança norte-americana na geração da tecnologia de ponta, particularmente aquela associada à indústria militar, em estreita conexão com as demandas e o planejamento do Estado. O complexo industrial-militar não só confere aos Estados Unidos a primazia absoluta no desenvolvimento das armas, mas também constitui uma fonte permanente de descobertas passíveis de utilização civil e comercial. O mesmo pode ser dito sobre as tecnologias de informação e o arsenal de inovações gestadas nos laboratórios das universidades e corporações norte-americanas. O fato de o país ter irremediavelmente abandonado a vanguarda na produção de automóveis, televisores e

AS IDEIAS E OS FATOS

em uma série de manufaturas, não significa que tenha perdido a posição estratégica (e, em alguns casos, até mesmo a liderança) na fronteira das inovações tecnológicas relevantes.[4] Mais ainda: pela presença internacional de suas grandes empresas, por seu elevado coeficiente de importações, pela vastidão de seu mercado interno e por sua força financeira, os Estados Unidos são capazes – e nada prevê que deixarão de sê-lo – de influenciar de modo relevante o ritmo da produção e dos preços da economia mundial.

A desvalorização do dólar tampouco parece um problema incontornável: como já se observou, seus ciclos de valorização e desvalorização, desde o início da década de 1980, em nada comprometeram a primazia universal da moeda norte-americana. As perdas eventualmente decorrentes da aplicação nos títulos da dívida dos Estados Unidos, em um contexto de desvalorização do dólar, não devem ser confundidas com qualquer suposta desconfiança em relação à capacidade de o Tesouro norte-americano honrar seus compromissos. Apenas se tal suspeita existisse é que o dólar teria sua supremacia ameaçada e os Estados Unidos enfrentariam percalços no financiamento de seu déficit em transações correntes. É provável, entretanto, que se aprofunde a tendência à denominação dos contratos mundiais em moedas distintas do dólar, o que apenas remotamente configuraria a perda do benefício de emissão da moeda universal (*seigniorage*) por parte dos Estados Unidos. Essa tendência é antes uma das expressões da multipolaridade anteriormente referida do que a manifestação de um imaginado deslocamento do dólar do centro do sistema monetário internacional.

A força do dólar (apesar de sua desvalorização) remete, é claro, à própria força política dos Estados Unidos. A superioridade militar norte-americana é inquestionável; a capacidade de o país influir nas decisões dos organismos multilaterais é notória; seu poderio

---

4 Não se repete aqui o caso da Inglaterra que, já no alvorecer do século XX, deixara de ser a *workshop of the world*. O país permaneceu abraçado à indústria tradicional (têxteis, carvão, máquina a vapor, equipamentos mecânicos, construção naval) e às suas formas ultrapassadas de organização, e não colheu a tempo os frutos da segunda Revolução Industrial. Não é este o caso atual dos Estados Unidos.

152 FREDERICO MAZZUCCHELLI

econômico – mesmo diante da menor participação no PIB mundial – é determinante e ainda está longe de exaurir-se. A definição da geopolítica mundial passa, portanto, necessária e prioritariamente pela consideração dos interesses norte-americanos. Mas também aqui há uma clara diferença em relação ao imediato pós-guerra: neste período, Estados Unidos e União Soviética, as superpotências vitoriosas, dividiram o mundo em duas áreas de influência, onde exerceram – cada qual à sua maneira – o respectivo poder imperial. A dissolução da União Soviética em 1991 não representou, contudo, a emergência de uma ordem mundial unipolar comandada discricionariamente pelos Estados Unidos. A formação da União Europeia, o desenvolvimento impressionante da China e a própria importância estratégica da Rússia (detentora de poderoso arsenal nuclear e fonte de abundantes recursos energéticos) passaram a indicar, uma vez mais, a gestação de uma ordem multipolar.

As tendências acima referidas não guardam qualquer relação direta com as atribulações presentes da economia mundial. A atual crise explicitou, entretanto, um fato marcante: *a perda de prestígio de Wall Street*. A incapacidade de os mercados financeiros desregulamentados imporem uma ordenação estruturada e estável das finanças mundiais já vinha sendo demonstrada em uma sucessão de episódios críticos (anteriormente assinalados), desde meados dos anos 1980. A presente crise levou essa percepção ao paroxismo. Quantias astronômicas de recursos públicos foram injetadas no sistema financeiro mundial para impedir sua bancarrota. O sistema financeiro, saliente-se, não é tão-somente um dos tantos setores de atividade de uma economia (notadamente, a capitalista). Ele representa, por qualquer ângulo que se considere, seu setor nevrálgico. Seu controle e sua dinâmica são cruciais na definição das possibilidades do investimento, da produção e do emprego. Não sem razão a China – a economia em maior expansão no mundo – exerce o comando central inalienável sobre o sistema bancário e sobre as decisões de crédito. No caso dos países capitalistas, já se observou, uma das características centrais da Golden Age foi exatamente a regulamentação do sistema financeiro, com a clara

AS IDEIAS E OS FATOS

articulação entre os sistemas domésticos de crédito e as necessidades da acumulação.

A restauração do controle sobre o sistema financeiro configura o ponto central de qualquer tentativa de reestruturação da ordem capitalista. O desastre de 2008 criou condições políticas favoráveis à retomada, nos países capitalistas, dos critérios que inspiraram a chamada *repressão financeira* do pós-guerra. Cabe às finanças prover os recursos destinados ao financiamento do investimento e do consumo. Essa verdade elementar ficou obscurecida pela construção da pirâmide invertida das *securities* e derivativos. É mais do que óbvio que a desregulamentação e a falta de supervisão dos mercados financeiros privados (sobretudo nos Estados Unidos) foram as responsáveis maiores pela eclosão da crise atual. Os mercados financeiros não são "eficientes", no sentido da literatura laudatória produzida no passado recente. Se é verdade que a "financeirização da riqueza" representa uma tendência imanente do capitalismo, não menos verdadeira é a conclusão que a ela deve se contrapor a *regulação pública*.

Essa é a condição primeira para uma nova estruturação do capitalismo em escala mundial. Não por acaso as contribuições de Keynes, Beveridge e Minsky voltaram a despertar a atenção de lideranças intelectuais e políticas por todo o mundo. A grande questão é sempre a mesma: é possível "domesticar" o capitalismo? É possível direcioná-lo, racional e conscientemente, para a difusão generalizada dos frutos do progresso e para a promoção do bem comum? É possível reinventar a Golden Age?

As respostas somente poderão surgir no plano da política. De uma perspectiva mais ampla, é bastante difundida – em todo o mundo capitalista, inclusive nos Estados Unidos – a convicção de que o suposto da autorregulação dos mercados é um mito infundado e que a liberalização financeira não produziu senão o aprofundamento da instabilidade característica do capitalismo. Na mesma linha, a panaceia do Estado mínimo é hoje uma página virada. Na prática, a presença do Estado – por meio do direcionamento do crédito, das encomendas públicas, da promoção das exportações ou da coordenação dos processos de centralização – é absolutamente central na orientação estratégica das economias nacionais. Esta constatação já se difundiu em um amplo espectro das forças políticas em âmbito mundial.

Não se deve subestimar, contudo, a força e a capacidade de resistência dos interesses estabelecidos. Sua aposta é que, passada a atual tormenta, o "curso normal" das coisas poderá ser restabelecido. Por mais clara que seja a tendência à multipolaridade na ordem mundial e por maior que seja o consenso em relação à falácia do credo liberal, é nos Estados Unidos que se travará a batalha decisiva pela nova regulamentação do sistema financeiro. A referida perda de *prestígio* de Wall Street somente se traduzirá em perda de *poder efetivo* quando a correlação política em âmbito internacional e nacional lhe for francamente desfavorável. Não parece ser esse ainda o caso. A sociedade americana é reconhecidamente complexa e esquizofrênica. Basta observar as reações histéricas às propostas sensatas de Obama para a reforma do sistema de saúde norte-americano. Caso a lógica das finanças desregradas mais uma vez venha a prevalecer, será difícil imaginar, em um horizonte próximo, uma nova estruturação do capitalismo em termos mundiais. A reinvenção da Golden Age permanecerá como um sonho nostálgico. Até o estouro da próxima bolha...

A GRANDE DEPRESSÃO DOS ANOS 1930 E A CRISE ATUAL
CONTRAPONTOS E REFLEXÕES[1]

Os desdobramentos da crise internacional inaugurada em 2008 permitem que se estabeleçam contraposições mais nítidas com o terremoto que varreu o mundo entre 1929-1933. Cabe destacar que, de início, *a origem* dos distúrbios, em ambos os casos, foi a proliferação de operações financeiras de lastro duvidoso, alavancadas pela expansão desmesurada do crédito em meio à ausência de regras eficazes de regulação e disciplina para o sistema financeiro. Tanto naquela oportunidade quanto na recente crise, a raiz da tormenta foi a ação desimpedida dos agentes privados, propiciada pela frouxa regulamentação existente sobre o mundo das finanças. Não por acaso, os percalços do sistema financeiro constituíram os fatores centrais de desencadeamento e propagação da crise. Não resta dúvida que a especulação desenfreada dos anos 1920 e o "festival dos derivativos" da crise atual foram construções endógenas do sistema financeiro norte-americano e europeu – criaturas típicas de um ciclo de crédito que envolveu bancos, intermediários financeiros, empresas, famílias e nações e que resultou na montagem de uma

---

1 Publicado em Barroso e Soares (2013).

complexa e intrincada teia de endividamento. A inflação de ativos – em ambos os casos – foi incensada pelo crédito farto, na expectativa sempre otimista de ganhos futuros. Com a reversão das expectativas, o castelo de apostas ruiu, restando apenas o rastro das dívidas. Desencadeada a crise, a carga de compromissos assumidos e a contração do crédito se incumbiram de promover a desaceleração dos gastos em consumo e investimento, com impactos negativos sobre a produção e o emprego. Esse é um traço comum das duas crises, na verdade, um roteiro incrustado no próprio modo de ser da realidade capitalista.

A diferença entre esses processos reside *na resposta* dos governos: enquanto no início dos anos 1930 a intervenção governamental foi tardia, insuficiente e reiteradamente equivocada, na atual crise a intervenção foi pronta e contundente, destinada, acima de tudo, a socorrer as grandes instituições em apuros. Esse ponto merece ser sublinhado: foi unicamente em decorrência da injeção maciça de recursos públicos – direcionados ao salvamento das instituições financeiras à beira da insolvência – que a crise atual não se transfigurou em uma tragédia de proporções incalculáveis. O resultado, previsível, foi a expressiva elevação da dívida pública nos Estados Unidos e na Europa.

A distinta natureza das respostas, de sua parte, redundou em trajetórias distintas sobre *o curso dos acontecimentos*: enquanto a Grande Depressão dos anos 1930 atingiu em cheio o núcleo avançado do capitalismo mundial (Estados Unidos, Alemanha e Inglaterra), daí transbordando para o resto do mundo, a crise atual vitimou, com maior intensidade, a periferia europeia (notadamente Grécia, Espanha, Irlanda e Portugal). Óbvio que a atrofia do circuito do gasto, o endividamento das famílias e a incerteza ainda afetam as economias avançadas, vitimando particularmente os imigrantes, os despossuídos e os jovens, quer nos Estados Unidos, na Alemanha, na Inglaterra, na França ou na Itália. Mas não resta dúvida que hoje a dramaticidade da crise é sentida, em sua maior crueza, pelas populações da franja do continente europeu.

Daí decorrem *implicações políticas* distintas: em 1929-1933, a intensidade da crise no coração do capitalismo ensejou a busca de rupturas, mais ou menos contundentes, em relação às práticas e ensinamentos

AS IDEIAS E OS FATOS

do *saber convencional*. Afinal, populações inteiras dos países capitalistas centrais se viram submetidas aos azares da crise econômica. A política econômica do nazismo, o New Deal, a experiência sueca e as iniciativas do Front Populaire, foram ações inovadoras destinadas a resgatar os países das profundezas da depressão. A ruptura, entretanto, somente iria se materializar de maneira consistente após o final da Segunda Guerra, mediante a *formação de coalizões políticas reformistas* na Europa Ocidental e mesmo nos Estados Unidos. Seu objetivo precípuo foi o de disciplinar e orientar o funcionamento dos mecanismos de mercado, mediante a ação racional do Estado, sobretudo em um ambiente internacional condicionado pela existência da Guerra Fria.

Já na crise atual, o fato de as piores agruras serem sentidas pelos marginalizados do centro e pela periferia da Europa – e na ausência de um "inimigo comum" a ser detido – favorece a introdução de *políticas acomodatícias*, voltadas tão-somente a evitar a implosão do sistema financeiro. É fraca, em consequência, a adesão dos atores sociais e políticos no centro capitalista às propostas de reforma e disciplina do regime econômico. Occupy Walt Street e suas inúmeras variantes não têm o entusiasmo e o apoio popular dos projetos transformadores do New Deal, do Plano Beveridge ou de Bretton Woods, por exemplo.

É sobre esses temas que se pretende discorrer. Com o intuito de ordenar a discussão, não serão tecidas maiores considerações sobre *as origens* e a morfologia das duas crises. É sobre a *natureza das respostas*, o *curso dos acontecimentos* e as consequentes *implicações políticas* que iremos nos deter, buscando estabelecer um contraponto entre a Grande Depressão e a crise atual.

PECULIARIDADES DA QUESTÃO FISCAL

Comecemos pela questão fiscal. Observamos anteriormente que uma intervenção vigorosa – como a empreendida recentemente no resgate ao sistema financeiro – seria impensável em 1929. Não se deve esquecer que o *saber convencional* nos anos 1920 era determinado pelas regras do padrão-ouro. Em seus mandamentos, as ações expansionistas (sobretudo fiscais) eram vistas com suspeição por supostamente alimentar a inflação e, dessa forma, precipitar a desvalorização cambial. Na verdade, câmbio fixo e orçamentos equilibrados conformavam uma unidade indissociável. A defesa do câmbio era o objetivo supremo que condicionava a política monetária e, na prática, anulava a política fiscal. A verdade é que corações e mentes – tanto à direita quanto à esquerda –[2] professavam, naquela conjuntura histórica, sua crença mítica nas virtudes das *finanças saudáveis*.

O aprofundamento da crise nos anos 1930, contudo, vitimou milhões e milhões de trabalhadores por todo o mundo, em particular no núcleo central das economias capitalistas: a taxa de desemprego em 1932 alcançou as cifras dramáticas de 30,1% na Alemanha, 23,6% nos Estados Unidos e 15,6% na Inglaterra. Nesse mesmo ano, a queda da produção industrial – em relação aos níveis de 1928 – foi próxima a 40% na Alemanha e nos Estados Unidos. Era impossível que os países continuassem a assistir passivamente ao desenrolar dos acontecimentos, na vã esperança de que a "correção automática" dos mecanismos de mercado relançasse as economias à senda do crescimento. A profundidade da crise ensejou a formação de novas coligações políticas, dispostas a se libertar – cada qual à sua maneira – dos grilhões do saber convencional. Afinal, a operação espontânea das forças do mercado havia lançado o mundo ao desastre, e nada fazia supor que, sem a intervenção vigorosa do Estado, o quadro pudesse ser revertido.

Foi somente na Alemanha de Hitler – e, em menor medida, na Suécia – que a política fiscal (no caso, a expansão dos gastos públicos) foi utilizada como mecanismo intencional e explícito de estímulo às atividades econômicas. No caso da Alemanha, os resultados foram espetaculares: entre 1932 e 1936, o crescimento *real* do produto foi da ordem de 40%. O contingente de desempregados, cerca

---

2 Antes da ascensão do nazismo em 1933, Rudolf Hilferding – o renomado economista marxista da Social Democracia Alemã – ao repudiar de modo veemente um plano de expansão dos gastos públicos elaborado pelos sindicatos (Plano WTB), dogmaticamente asseverou que "se [os formuladores do Plano] pensam que podem mitigar uma depressão através de obras públicas, eles simplesmente estão demonstrando que não são marxistas [...]" (Berman, 2006, p.112-114).

de 5,6 milhões em 1932, caiu para 1,6 milhão em 1936, e 430 mil em 1938. Na avaliação de Bleaney (1985, p.72), a experiência alemã sob o nazismo configurou o *"mais bem-sucedido exemplo de uma resposta keynesiana à depressão"*. É claro que o sucesso dos nazistas na assombrosa recuperação da economia alemã esteve umbilicalmente ligado ao controle despótico exercido sobre a economia e a sociedade, mas não há como negar o papel crucial exercido pelos gastos comandados pelo Estado. Na Suécia, sob inspiração teórica dos trabalhos de Gunnar Myrdal, os sociais-democratas (em coalizão com os agrários) recorreram intencionalmente aos gastos governamentais e ao déficit público como armas (circunstanciais) de combate à depressão. Os resultados foram auspiciosos: a produção industrial cresceu cerca de 50% entre 1932 e 1936, e a taxa de desemprego se reduziu em cerca de 40%. Ainda que os gastos públicos – ao contrário da Alemanha – não tenham sido os principais responsáveis pela recuperação (comandada, no caso, pelos investimentos privados e pelas exportações), sua importância, sobretudo no biênio 1934-1935, não pode ser negligenciada. Mais ainda: por terem resultado de uma percepção teórica inovadora – contraposta ao credo deflacionário do *saber convencional* –, indicaram modalidades de atuação que seriam utilizadas no futuro. O caráter inovador da experiência sueca é tão maior quando se constata que, em 1936, Roosevelt ainda era adepto dos orçamentos equilibrados, a Inglaterra cultuava reverências monótonas à prudência fiscal, e a França (até setembro) permanecia fervorosamente atada às regras rígidas do padrão-ouro.

As necessidades da guerra, obviamente, sepultaram os pruridos em relação à ortodoxia fiscal. O financiamento dos gastos militares resultou na brutal elevação da dívida pública (nos Estados Unidos, a título de exemplo, o estoque da dívida cresceu cerca de 400% entre 1940 e 1945) e na expansão monetária. As pressões inflacionárias, inevitáveis em um contexto atípico de desequilíbrios de oferta, o aumento da liquidez e a elevação agregada do poder de compra foram contornados – com maior ou menor sucesso – por meio do racionamento, do controle de preços, das limitações ao crédito e da tributação seletiva. O crescimento do produto foi extraordinário, sobretudo nos países que não tiveram seus territórios invadidos: entre 1939 e 1943, a variação real do PIB na Inglaterra foi superior a 25%. Nos Estados Unidos, a expansão foi ainda maior, alcançando a excepcional cifra de 72% no período de 1939-1944. O desemprego, em consequência, reduziu-se de maneira impensável nos tempos de paz: em 1939 havia 1,5 milhão de desempregados na Inglaterra; em 1943 eles eram apenas 82 mil. Nos Estados Unidos, o número de desempregados caiu de 9,5 milhões em 1939, para 670 mil em 1944.

Se a Segunda Guerra Mundial foi, certamente, a experiência mais vergonhosa que a humanidade já assistiu (deixando em seu rastro cinquenta milhões de mortos), um de seus poucos legados positivos foi a demonstração cabal de que o direcionamento consciente do gasto público é o instrumento mais eficaz para erguer as nações dos escombros de uma depressão econômica. A demência de Hitler obrigou Roosevelt e Churchill a aderirem ao *keynesianismo* bélico, replicando a experiência do *Führer* nos anos 1930. Com a paz, forjou-se o consenso de que o manejo apropriado da política fiscal era um fator essencial de estabilidade, fundamental para a atenuação das flutuações cíclicas: o fiscalismo tosco dos "orçamentos (sempre) equilibrados" cedeu lugar à percepção de Myrdal e Keynes de que as finanças realmente "saudáveis" devem ser deficitárias nos anos difíceis e superavitárias nas conjunturas de expansão.

A estruturação virtuosa que se implementou nas economias capitalistas do pós-guerra teve no gasto público – para não mencionar o crédito comandado pelo Estado, essencial para explicar o impulso econômico do Japão, da Alemanha, da Itália e da França – um de seus pilares fundamentais. Os estabilizadores automáticos (seguro-desemprego, transferências aos indivíduos, sustentação de preços mínimos) nos Estados Unidos, os investimentos públicos na França e na Itália, a implementação do National Insurance System e do ambicioso National Health Service na Inglaterra, a consolidação do Welfare State nos Estados Unidos e no conjunto da Europa e a gama de subsídios concedidos à agricultura e aos setores economicamente mais frágeis indicaram uma modalidade de intervenção absolutamente distinta daquela até então prevalecente. Os orçamentos públicos se ampliaram, com a

AS IDEIAS E OS FATOS

consequente elevação das despesas públicas na criação e composição do produto. Entre 1950 e 1973, a título de exemplo, a despesa dos governos cresceu de 28% para 39% do PIB na França, de 30% para 42% na Alemanha Ocidental e de 34% para 42% no Reino Unido. Como lembra Judt (2005, p.418-419), "a história de sucesso do capitalismo europeu do pós-guerra foi por todo o lado acompanhada por um papel crescente do setor público".

Importa destacar que de tal fato não resultou qualquer desequilíbrio fundamental, já que se promoveu, ao mesmo tempo, o aumento da carga de impostos e das contribuições do setor privado (empresas e famílias) em relação aos níveis anteriores à guerra. Ademais, o crescimento continuado do produto expandiu, de maneira sistemática, a base de receitas do setor público. Como destaca Belluzzo (2009, p.101), ao longo do pós-guerra "não havia déficit público 'estrutural', salvo nos períodos de suave flutuação do nível de atividade, sendo logo tais desequilíbrios absorvidos pela retomada do crescimento. Isso porque o continuado aumento da renda e do emprego fazia crescer a receita dos governos".

Há uma peculiaridade nos recentes *rounds* de resgate do sistema financeiro que torna a intervenção estatal essencialmente distinta em relação aos tempos da Grande Depressão e do pós-guerra. No auge da Crise de 1929, as ações de Hitler, dos suecos e mesmo de Roosevelt objetivaram a recuperação da produção e do emprego. Os gastos públicos direcionados à infraestrutura e à indústria de base na Alemanha, a proteção aos trabalhadores na Suécia ou os inúmeros programas do New Deal – todas essas iniciativas tinham por base o suposto de que cabia ao dispêndio público a tarefa primordial de reanimar a economia. Nesse sentido, seu sucesso foi inegável: ao se inscreverem em um processo de restauração e recuperação do circuito gasto-produção-emprego-renda, as despesas patrocinadas pelo Estado contribuíram (com maior ou menor sucesso) para mitigar os efeitos devastadores da Grande Depressão. O mesmo pode ser dito dos gastos do governo no pós-guerra, quer com o investimento ou com o Welfare State: eles representaram componentes importantes de sustentação e estabilidade da demanda agregada.

Já os atuais aportes ao sistema financeiro norte-americano e europeu em nada contribuíram – ou contribuem – para a recuperação das economias. Os recursos empoçaram no caixa dos bancos e instituições financeiras que, avessos ao risco, após as tropelias que culminaram com a crise de 2008, tornaram-se extremamente parcimoniosos na concessão de novos créditos (sobretudo em um quadro ainda nebuloso em relação à solvência dos potenciais devedores). O resultado é que os dispêndios públicos não se materializaram em novos gastos. A despesa pública tornou-se assim prisioneira da *armadilha da liquidez*: os recursos saíram do Tesouro, migraram para os bancos privados e não se traduziram em novos empréstimos. Justamente por essa razão, os países que dispõem de sistemas públicos de financiamento (o caso da China, por exemplo) têm melhores condições de se contrapor à crise.

Mas não há dúvida que os desembolsos públicos foram essenciais para evitar o aprofundamento da crise, que inevitavelmente ocorreria com a implosão do sistema financeiro. Dessa forma, enquanto a função dos gastos públicos nas iniciativas de combate à Grande Depressão e na estruturação do pós-guerra foi a de *regenerar* e *expandir* o circuito do gasto, sua função na presente crise – notadamente no que se refere aos países do centro capitalista – foi a de, na medida do possível, *evitar a sua atrofia*. Por esse motivo, a recente elevação da dívida pública não se traduziu na expansão do produto e na redução expressiva do desemprego. Os Estados Unidos, por exemplo, tinham uma taxa de desemprego de 4,6% em 2007. Com a eclosão da crise, esta se elevou para níveis próximos a 10%. O socorro aos bancos fez com que a dívida pública líquida, como proporção do PIB, saltasse de 43% em 2007 para 78% em 2012. A taxa de crescimento, que foi negativa no biênio 2008-2009, teve um desempenho bastante modesto entre 2010-2012 (média de 2,1%), o que coincidiu em uma redução apenas discreta do desemprego (9% em 2012). O mesmo fenômeno se repetiu na Inglaterra: a dívida pública líquida dobrou entre 2007 e 2012 (de 38,2% para 77% do PIB), enquanto a variação média do produto foi de 1,4% entre 2010-2012, com o desemprego permanecendo ao redor de 8% (5,4% em 2007).

Já na periferia da Europa, a situação é outra. Ancorados no euro, os países da "franja" europeia foram envolvidos pela expansão do

AS IDEIAS E OS FATOS

163

crédito intraeuropeu nos anos 2000, o que suscitou a formação de bolhas imobiliárias e a explosão do consumo. Não houve, de início, nenhum desajuste fiscal: o crédito farto irrigou as economias, traduzindo na elevação do endividamento privado e no crescimento das importações. Como lembra Belluzzo (2011),[3] "nos tempos de euforia, os 'gastadores' apresentavam contas correntes amplamente deficitárias e resultados fiscais superavitários". A Espanha, por exemplo, exibiu superávits fiscais entre 1% e 2% do PIB entre 2005 e 2007, com déficits em transações correntes entre 7% e 10%. Com a eclosão da crise, a contração das receitas, a ampliação dos gastos sociais e o socorro aos bancos resultaram – assim como nos países centrais – na deterioração das contas públicas. No caso espanhol, os superávits se transfiguraram em déficits fiscais da ordem de 10% do PIB no biênio 2009-2010, fazendo que a dívida pública saltasse de 26,5% em 2007 a níveis superiores a 55% em 2011-2012. O socorro aos bancos – é importante destacar – se fez acompanhar da concomitante contração do crédito: em consequência, o produto despencou e a taxa de desemprego se elevou para níveis alarmantes, superiores a 20% (50% no caso dos jovens). Estima-se que a virtual paralisia do crédito, desde o início da crise, vitimou cerca de 450 mil pequenas e médias empresas espanholas.[4]

Cabe aqui uma consideração: os níveis relativos de endividamento público (dívida-PIB) da Espanha são equivalentes aos da Alemanha e inferiores aos da Inglaterra, Estados Unidos, França ou Japão. O problema maior, contudo, não é o estoque, mas o fluxo da dívida. O que está em questão é a capacidade de o país honrar a solvência de seus títulos soberanos (denominados na moeda europeia), o que remete às possibilidades – no caso, limitadas – de obtenção dos recursos destinados ao pagamento dos débitos. Por essa razão, a contrapartida exigida pelas autoridades internacionais (Banco Central Europeu, União Europeia e FMI) no aporte de recursos emergenciais – de modo a impedir o *default* – foi a imposição de um rigoroso ajuste fiscal. É este

---

3 Ver também Belluzzo (2012).
4 Aperto no crédito continua e dizima PMEs na Espanha. *Valor*, p.14, 4 abr. 2013.

também o caso dos demais países da periferia europeia: a garantia de sobrevivência dos bancos locais e da solvabilidade dos títulos soberanos (em muitos casos em poder de tomadores do núcleo central) foi condicionada à aplicação deliberada de severas políticas deflacionárias.

A sequência dos acontecimentos praticamente obedeceu a um padrão comum: as economias mais acanhadas do continente europeu que aderiram ao euro foram capturadas – na expansão dos anos 2000 – pelas delícias do crédito barato (proporcionado pelos bancos alemães, austríacos, franceses e ingleses). Os bancos locais foram a correia de transmissão do crédito. As famílias se endividaram, expandiram o consumo e o preço dos imóveis disparou. É claro que a continuidade do processo passou a depender da manutenção do fluxo regular de empréstimos. Com a reversão, o crédito minguou, o preço dos imóveis despencou e os bancos locais se viram às voltas com devedores inadimplentes. Os governos saíram então em socorro aos bancos: captaram recursos por meio da emissão de títulos soberanos e os transferiram às instituições financeiras. Começaram, na sequência, as suspeitas em relação à capacidade de os governos honrarem seus compromissos, especialmente em um contexto de redução das receitas tributárias. O *default* somente foi evitado (não na Grécia, onde os tomadores foram obrigados a arcar com perdas) graças aos aportes emergenciais das autoridades internacionais. Em contrapartida, os países foram constrangidos a buscar superávits fiscais a qualquer custo, de modo a obter os recursos destinados ao pagamento das dívidas. A geração de superávits em meio a um contexto recessivo é uma tarefa inglória, mas conforma um roteiro que, em derradeira análise, já esteve presente nas inúmeras atribulações dos anos 1920 e 1930[5]

---

5 Cabe aqui uma breve referência à Alemanha, hoje a principal defensora das políticas de austeridade para a periferia europeia. Com o Plano Dawes de 1924, a Alemanha – em troca de um empréstimo emergencial – viu-se obrigada a abandonar a gestão soberana de sua política econômica: as contas públicas e as contas externas passaram a ser monitoradas pelo Agente Geral de Reparações enviado a Berlim, e o Reischsbank foi submetido a uma gestão partilhada. O objetivo do Plano era o de, por meio do corte dos gastos públicos e da contenção da demanda agregada, alcançar o superávit fiscal e o saldo comercial externo destinados a cumprir o pagamento das reparações fixadas em Versailles. O Plano, contudo, foi elaborado em uma conjuntura internacional de

AS IDEIAS E OS FATOS

e, mais recentemente, nas sucessivas condicionalidades impostas pelo FMI aos países vitimados pela crise da dívida externa. Os resultados, como se sabe, foram melancólicos.

Chega-se, dessa forma, ao resultado singular de que, na periferia europeia, a elevação dos gastos públicos (o socorro aos bancos, em particular) não esteve associada à regeneração, expansão ou sustentação da demanda agregada, mas à sua *contração*. A ampliação do déficit e da dívida pública, nesse caso, transformou-se na *porta de entrada para a imposição forçada de políticas deflacionárias*, que resultaram na manutenção de níveis extremamente elevados de desemprego. As tabelas 4, 5 e 6, a seguir, ilustram as três situações expostas:

Tabela 4 – Dívida e crescimento

Alemanha	1932	1933	1934	1935	1936	1937	1938
Dívida-PIB	30,0	32,7	32,4	36,3	41,5	44,6	53,3
Variação PIB	-7,3	5,9	9,3	7,6	8,7	10,9	10,5
Desemprego	30,1	26,3	14,9	11,6	8,3	4,6	2,1

EUA	1932	1933	1934	1935	1936	1937	1938
Dívida-PIB	29,1	39,6	44,9	41,8	43,6	42,0	42,3
Variação PIB	-13,3	-1,7	7,8	8,1	14,2	4,6	-4,4
Desemprego	23,6	24,9	21,7	20,1	16,9	14,3	19,0

★ Os dados referentes à dívida alemã estão subestimados, em virtude da não inclusão das *MEFO bills*.
Fonte: PIB: Maddison (1991); Desemprego: Mitchell (1992; 1993); Overy (1996); Barkai (1990); Stein (1994)

---

abundante liquidez, e os títulos alemães logo passaram a despertar o apetite dos investidores internacionais (sobretudo norte-americanos), ansiosos por *yields* generosos. A Alemanha foi inundada por empréstimos externos e, entre 1924 e 1928, navegou em águas aparentemente tranquilas. Quando – no final de 1928 – houve a reversão no fluxo de empréstimos, os compromissos internacionais tornaram-se insuportáveis. Brüning, mediante uma sucessão de decretos deflacionários (corte de salários, demissões, elevação de impostos), procurou gerar o ansiado superávit nas contas públicas e externas. O resultado foi o aprofundamento da depressão, sobretudo após as quebras bancárias de meados de 1931. Em 1932, o desemprego atingiu um terço da força de trabalho, sem que fossem alcançados os almejados superávits fiscal e externo. Ver Mazzucchelli (2009, p.157-177). Como se vê, as más lições são sempre úteis, sobretudo quando se trata de recomendá-las aos vizinhos mais pobres!

Observe-se a extraordinária redução do desemprego na Alemanha a partir de 1934. A elevação do desemprego e a contração do PIB nos Estados Unidos em 1938 deveram-se à tentativa (frustrada) de Roosevelt de equilibrar as contas públicas. Em ambos os casos, as variações positivas do PIB se associaram – em maior medida na Alemanha – ao aumento dos gastos públicos (expresso na elevação da relação dívida-PIB).

Tabela 5 – Dívida e estagnação

EUA	2006	2007	2008	2009	2010	2011	2012
Dívida-PIB	42,0	42,9	48,7	60,6	68,3	72,6	78,4
Variação PIB	2,7	1,9	-0,3	-3,5	3,0	1,5	1,8
Desemprego	4,6	4,6	5,8	9,3	9,6	9,1	9,0

Inglaterra	2006	2007	2008	2009	2010	2011	2012
Dívida-PIB	38,0	38,2	46,6	60,9	67,7	72,9	77,0
Variação PIB	2,8	2,7	-0,1	-4,9	1,4	1,1	1,6
Desemprego	5,4	5,4	5,6	7,5	7,9	7,7	7,8

Fonte: FMI

A queda nas receitas, o aumento dos dispêndios sociais e o socorro aos bancos foram, tanto nos Estados Unidos quanto na Inglaterra, os principais responsáveis pela elevação da relação dívida-PIB a partir de 2008-2009. O aporte de recursos aos bancos evitou a *débâcle* generalizada. O PIB passou a ter variações modestas, mas o desemprego permaneceu em níveis ainda elevados. As vítimas são os imigrantes, os inferiorizados na escala social (*déclassés*) e os jovens. A rede de proteção social ainda garante benefícios mínimos, mas a precarização das relações trabalhistas tende a avançar.

Tabela 6 – Dívida e contração

Espanha	2006	2007	2008	2009	2010	2011	2012
Dívida-PIB	30,5	26,5	30,5	41,9	48,7	56,0	58,7
Variação PIB	4,0	3,6	0,9	-3,7	-0,1	0,8	1,1
Desemprego	8,5	8,3	11,3	18,0	20,1	20,7	19,7

AS IDEIAS E OS FATOS

Irlanda	2006	2007	2008	2009	2010	2011	2012
Dívida-PIB	15,8	11,2	24,6	42,3	78,0	99,0	104,6
Variação PIB	5,3	5,2	-3,0	-7,0	-0,4	0,4	1,5
Desemprego	4,4	4,6	6,3	11,8	13,6	14,3	13,9

Fonte: FMI

Da mesma forma que nos países mais avançados, a elevação da relação dívida-PIB na Espanha e na Irlanda decorreu da redução da receita, do aumento dos gastos sociais e do socorro do governo aos bancos. A contração do crédito resultou na virtual paralisia do sistema econômico e na explosão do desemprego. As recomendações das autoridades internacionais apontam para a permanência do estado de prostração econômica da periferia europeia.

AS REAÇÕES À GRANDE DEPRESSÃO DOS ANOS 1930

As crises sempre suscitam respostas, que tanto podem ser audazes e inventivas quanto parciais e paliativas, ou simplesmente inócuas. É a correlação política que, em derradeira análise, estabelece os limites e as possibilidades das distintas alternativas. Ao se observar as reações à crise atual, contrapondo-as às iniciativas empreendidas nos anos 1930 e no pós-guerra, percebe-se a existência de padrões de comportamento essencialmente díspares. Na esteira da Grande Depressão, as respostas foram nitidamente *diferenciadas*: da ousadia do experimento nazista, passando pela inovação do New Deal e do Acordo de Saltsjöbaden, pelo reformismo contido dos ingleses ou pelo imobilismo da França. No pós-guerra, de outra parte, estabeleceu-se um amplo consenso que resultou – guardadas as especificidades e os desafios nacionais – em *ações uniformes*, visando à sustentação de níveis máximos de ocupação e à consolidação do Estado de Bem-Estar Social. Já na crise atual, o que se observa é uma *uniformidade negativa*, marcada pela resignação em relação à dominação das finanças e pela *timidez* no enfrentamento das questões cruciais. Apresentam-se, na sequência, as principais respostas à depressão dos anos 1930.

SUÉCIA

Em janeiro de 1933, mesmo mês em que Hitler chegou ao poder, os sociais-democratas voltaram a comandar o governo sueco. Munidos de uma reflexão teórica inovadora nos assuntos econômicos e com uma plataforma política pluriclassista, eles foram especialmente habilidosos no enfrentamento da crise. Esta se projetou sobre o país fundamentalmente pela queda das exportações, cujo volume declinou mais de 35% entre 1929 e 1932. Antes mesmo da ascensão dos sociais-democratas, o país – seguindo os passos da Inglaterra – já havia abandonado o padrão-ouro em setembro de 1931 e introduzido uma política monetária de orientação não contracionista. Isso não impediu, contudo, a propagação da crise em 1932, ainda que em proporções mais brandas em relação aos Estados Unidos ou à Alemanha (Jonung in Brunner, 1981).

No verão de 1933, os suecos atrelaram a *krona* à libra (*pegging policy*), não sem antes promoverem uma discreta desvalorização, processo que assegurou a competitividade de suas exportações para a Inglaterra (principal mercado consumidor). Evitou-se, assim, ao contrário do que ocorreria na França, a valorização da moeda local. Mais ainda: em oposição ao que ocorreu na Alemanha de Brüning, os suecos defenderam – mesmo em meio à escalada do desemprego, que atingiu seu auge no início de 1933 – a manutenção dos salários nominais para o conjunto da economia. Por meio de um acordo político cuidadosamente articulado, que resultou na aliança formal com os representantes da agricultura (*cow trade*), os sociais-democratas, mediante a regulação de preços e a compra de estoques, buscaram preservar o poder de compra dos agricultores. Compreende-se a importância econômica e política dessa iniciativa quando se constata que, em 1930, mais de 35% da população economicamente ativa se encontrava ocupada na agricultura. Foi, contudo, a utilização consciente da política fiscal – por meio de um programa de gastos que privilegiou o investimento público – a grande inovação dos suecos. Segundo Arndt (1972, p.209 e p.219), "a principal inovação do Governo Trabalhista [social-democrata] [...] foi a adoção de uma

AS IDEIAS E OS FATOS

política de utilização deliberada do orçamento do Estado como um instrumento de recuperação. [...] A política fiscal compensatória foi extremamente bem-sucedida na Suécia". Myrdal, já se mencionou, entendia que os orçamentos deveriam ser deficitários nas conjunturas de baixa e superavitários nas conjunturas de alta do ciclo econômico.

Os resultados foram amplamente satisfatórios: o PIB cresceu a uma taxa média anual de 6% entre 1934-1937, a expansão da produção industrial foi de 66% entre 1933-1937, o volume de exportações se ampliou em 60% entre 1932-1937, e a taxa de desemprego – mesmo tendo ainda permanecido em níveis próximos a 10% no final da década – foi reduzida de modo significativo. A experiência sueca, por seu ineditismo, suscitou uma sucessão de ponderações e críticas: o impacto da política fiscal teria sido desprezível na explicação da recuperação; a retomada do crescimento da Inglaterra entre 1933-1937 é que teria permitido a expansão das exportações suecas e, portanto, relançado a economia; a condução da política monetária – e não a política fiscal – é que teria amenizado o impacto da crise; o *cow trade* teria resultado na elevação dos preços dos bens-salário, comprometendo o ganho real dos trabalhadores; a Segunda Guerra, e não a social-democracia, é que teria eliminado o desemprego; a experiência sueca teria sido sobrevalorizada pela publicidade e notoriedade de seus economistas etc.

Algumas qualificações podem até ser verdadeiras, mas é necessário – como sempre – reter o fundamental: por meio de um acordo social abrangente e libertos dos grilhões obtusos do saber convencional, os sociais-democratas souberam não apenas se contrapor à crise, mas também construir uma rota segura e duradoura para a nação. A hegemonia social-democrata na Suécia se prolongou por 44 anos ininterruptos. Wigforss, familiarizado com os escritos de Keynes, permaneceu no Ministério das Finanças de 1932 a 1948. Tage Erlander exerceu o cargo de Primeiro-Ministro de 1946 até 1969. Não apenas os representantes da agricultura foram envolvidos nas negociações com os sociais-democratas. Por meio do Acordo de Saltsjöbaden de 1938, os industriais – de início, receosos – aderiram a uma plataforma econômica e política que incluía a proteção aos trabalhadores, o exercício de políticas fiscais compensatórias, os estímulos ao investimento e a implementação do Estado de Bem-Estar Social mais avançado do mundo (Gourevitch, 1986, p.131-135 e p.178-179). Não sem razão a experiência sueca – gestada e implantada ao longo dos anos 1930 – converteu-se em um exemplo marcante e pioneiro no pós-guerra.

ALEMANHA

Na Alemanha, a tentativa inicial de combater a recessão com a deflação (*Brüning*) resultou na depressão selvagem. As angústias dos alemães passaram a clamar por soluções radicalmente distintas das preconizadas pelo figurino ortodoxo. Estas últimas haviam levado ao aprofundamento da crise. Nesse contexto, é importante assinalar dois equívocos estratégicos: primeiro, o do Partido Comunista Alemão (KPD) que, em reverência às diretrizes emanadas de Moscou, insistia em qualificar o Partido Social-Democrata (SPD) como a representação política do "social fascismo". Obviamente, este era o momento em que as forças democráticas – incluído o centro católico – deveriam ter-se unido na defesa da República e na promoção de um programa emergencial de combate à depressão. O sistemático avanço da votação conseguida pelos comunistas entre 1924 e 1932 (saltando de 9% para 17%) pode ter ensejado a falsa percepção de que estes se converteriam no principal polo de aglutinação na resistência ao nacional socialismo (NSDAP). Um erro palmar, já que, nas duas eleições de 1932, a soma dos votos obtidos pela social-democracia e pelas forças do centro (36,3% em julho e 35,2% em novembro) foi equivalente à alcançada pelos nazistas (37% e 33,1%). A pretensão dos comunistas em liderar a oposição ao nazismo terminou por facilitar os planos de Hitler. O segundo equívoco, como já mencionado, foi a recusa dos sociais-democratas em subscrever o plano de expansão dos gastos públicos (WTB) elaborado pelos sindicatos, o que jogou por terra a possibilidade efetiva de mitigar os efeitos devastadores da depressão. A ilusão de que o "ciclo de negócios" deveria seguir seu curso

AS IDEIAS E OS FATOS

normal, somada à paranoia de que a ampliação do déficit público pudesse ressuscitar o fantasma da hiperinflação, gerou – na social-democracia alemã – um imobilismo político e propositivo inadmissível nas terríveis condições que o país atravessava. O enfrentamento da crise exigia soluções enérgicas, mas os sociais-democratas aparentemente permaneceram aferrados à ingênua e tosca esperança de que, em algum momento no tempo, as condições estariam maduras para a implementação do socialismo na Alemanha.

Ao ser escolhido por Hindenburg para chefiar o governo alemão em janeiro de 1933, Hitler desde logo percebeu que era fundamental alterar o rumo dos acontecimentos. Paralelamente ao esmagamento dos sindicatos e à perseguição cruel aos comunistas e sociais-democratas, empreendeu uma cruzada destinada a reabilitar a economia alemã. A "Batalha do Emprego" foi travada por meio da mobilização dos recursos do Reischsbank, do enquadramento do fragilizado sistema bancário privado alemão, da criação de uma moeda privada com garantia oficial (*MEFO bills*) e da utilização das receitas do Tesouro, de modo a promover a expansão dos gastos públicos. Somente a partir de 1936, uma vez consolidada a recuperação, é que os gastos militares passaram a ocupar posição determinante na composição do dispêndio público. O êxito do programa empreendido, já se observou, foi inegável. Mais ainda: ao reduzir dramaticamente o desemprego, Hitler obteve – apesar do fechamento dos sindicatos – a simpatia de milhões de trabalhadores: os deserdados do mercado converteram-se nos Soldados da Nova Ordem. Ao garantir a preservação do poder de compra dos agricultores (29% da população economicamente ativa em 1933), sedimentou sua base de sustentação no campo; ao assegurar encomendas à indústria e reanimar a demanda agregada, contou com o entusiasmo de setores empresariais relevantes; ao salvar os bancos da estatização pretendida por Gottfried Feder (o teórico nazista que denunciava a "escravidão dos juros"), submeteu-os às prioridades do nacional-socialismo; ao assassinar – na Noite das Facas Longas – as lideranças das SAs (Ernst Röhm), conseguiu a obediência do Exército. Hitler obteve, dessa maneira, uma vasta base social de apoio a suas políticas.

É certo que a economia, no Estado Nacional Socialista, foi convertida em um ramo da política, e esta na expressão da vontade do *Führer*. Ao contrário do New Deal, da experiência sueca, das iniciativas inglesa e francesa – que transcorreram em um ambiente de preservação dos rituais democráticos –, a resposta nazista à crise foi imensamente beneficiada pela implementação de um regime de terror. Somente por intermédio da violência do Estado foi possível estabelecer um sistema férreo de controle sobre salários, preços, comércio exterior, captação dos recursos e direcionamento dos gastos. O aspecto a ser destacado, contudo, é que – munido de poderes ditatoriais – Hitler empreendeu uma bem-sucedida ruptura com os cânones da gestão convencional da política econômica, conseguindo reerguer a economia alemã dos dramas da depressão. Com o fim da guerra, as lideranças ocidentais perceberam que algumas de suas iniciativas – desde que dissociadas de sua forma opressiva de execução – poderiam ser úteis, e até mesmo necessárias, na recuperação e expansão das economias nacionais. Foi assim, por exemplo, com o controle de preços na própria Alemanha, com o comércio exterior no âmbito da União Europeia de Pagamentos (evocando os "contratos de compensação" de Schacht) e com a montagem dos vigorosos sistemas públicos de financiamento na Europa e no Japão.

ESTADOS UNIDOS

A resposta do New Deal foi de natureza distinta. Os Estados Unidos não conformaram o palco de um acordo social tão amplo como o que se observou na Suécia nem a economia norte-americana foi escravizada pela política, como na Alemanha nazista. Na verdade, Roosevelt teve de se mover em águas turvas, enfrentando a todo instante a guerrilha republicana, a resistência do mundo dos negócios, os obstáculos políticos e as decisões (nem sempre sábias) da Suprema Corte. Mais do que um experimento econômico, o New Deal foi, acima de tudo, uma construção política no seio de uma nação marcadamente conservadora. A violência da depressão nos Estados Unidos

AS IDEIAS E OS FATOS

encontrou em Roosevelt uma liderança destemida, pronta a enfrentar os problemas e disposta a correr riscos com iniciativas audazes.

Sua primeira missão consistiu em estancar o derretimento do sistema financeiro. O país assistia a três ondas de quebras bancárias (estima-se que onze mil bancos fecharam suas portas ao longo da depressão) e qualquer ação de combate à crise deveria ter por princípio o fortalecimento do sistema financeiro. Suas iniciativas, nesse ponto particular, não apenas foram bem-sucedidas, mas duradouras. Por meio do Banking Act de 1933 – no âmbito do Glass-Steagall Act –, estabeleceram-se normas de regulação rígidas para o sistema bancário, com destaque para a separação (muro de contenção) entre os bancos comerciais e os bancos de investimento, o seguro para os depósitos bancários (FDIC) e a proibição para o pagamento de juros sobre os depósitos à vista, de modo a evitar a concorrência predatória entre os bancos (*Regulation Q*). A criação da Securities Exchange Commision (SEC), em 1934, tornou mais rígidos os critérios para a emissão de ações. A criação, no mesmo ano, da Federal and Saving Loan Insurance Corporation (FSLIC) proporcionou segurança para os depósitos em poupança e normatizou o funcionamento das companhias de seguro. Com o Banking Act de 1935, o poder do Fed se fortaleceu, o que resultou na centralização do comando sobre a política monetária. A legislação do New Deal, se foi crucial para conter a propagação da depressão, redefiniu, ao mesmo tempo, o desenho institucional do sistema financeiro norte-americano e forjou um novo marco regulatório para o setor. Nesse sentido, sua contribuição foi permanente.

As iniciativas no âmbito da agricultura foram igualmente exitosas. Por meio das políticas de sustentação e elevação dos preços agrícolas (*acreage allotments*), do refinanciamento das dívidas, do financiamento oficial com garantia de preços mínimos, da introdução de modernas técnicas de utilização do solo (combate à erosão) e da difusão da eletrificação rural – a agricultura norte-americana se reergueu do violento abatimento a que fora submetida nos anos da Grande Depressão. Entre 1933 e 1937 a renda dos agricultores cresceu 60%, fato de extrema importância em um país onde quase um quarto da população ainda se dedicava às atividades agrícolas.

Por sua parte, a legislação social implementada no New Deal, em 1935, assumiu extraordinária importância: O Wagner Act assegurou aos trabalhadores o amplo direito à sindicalização e o Social Security Act estabeleceu o sistema de aposentadoria para os trabalhadores que alcançassem 65 anos, além do seguro-desemprego. O embrião do Welfare State de Roosevelt nasceu da convicção de que os cidadãos não poderiam permanecer eternamente expostos aos ventos do mercado e desamparados na velhice. A relevância desse compromisso é tão maior quando referida não apenas ao contexto cruel da Grande Depressão, mas às tendências individualistas e dissolventes que sempre estiveram presentes na sociedade norte-americana. Não é difícil imaginar a reação enfurecida dos setores conservadores às iniciativas sociais do presidente.

Já a política fiscal do New Deal foi essencialmente contraditória. Ao contrário do que ocorreu na Alemanha e na Suécia – onde o gasto público foi explícita e intencionalmente utilizado como uma arma essencial no combate à depressão –, a expansão dos gastos públicos nos Estados Unidos de Roosevelt foi uma decorrência inevitável das ações emergenciais que se fizeram necessárias para mitigar os efeitos da crise. Os inúmeros programas do New Deal demandavam recursos públicos, elevavam o dispêndio e acarretavam déficits nas contas do governo central, mas a intenção dos New Dealers (à exceção de Marriner Eccles, do Fed) e de Roosevelt sempre foi a de, em algum momento no tempo, retornar ao equilíbrio orçamentário. Em poucas palavras, Roosevelt era conservador em matéria fiscal. Após a eleição de 1936, convencido por seus assessores que a recuperação se encontrava consolidada e que a inflação estaria *just around the corner*, o presidente consentiu com a reversão da política monetária e o aperto fiscal. O resultado foi desastroso: a produção industrial despencou e 2,7 milhões de trabalhadores foram lançados ao desemprego. A *recessão na depressão* de 1938 demonstrou que era impossível ao New Deal permanecer prisioneiro do dogma dos orçamentos equilibrados. A partir de então, e com as nuvens da guerra cada vez mais próximas, Roosevelt abandonou de vez suas convicções fiscalistas.

AS IDEIAS E OS FATOS

O resultado dos programas do New Deal não pode ser subestimado: calcula-se que, em média, cerca de três milhões de trabalhadores por ano (5,7% da força de trabalho) foram retirados do desemprego em decorrência das ações, entre outras, da Public Works Administration (PWA), da Civilian Corps Corporation (CCC) e da Works Progress Administration (WPA) – para não mencionar o impacto extraordinário das obras da Tennessee Valley Authority (TVA). Milhões de trabalhadores devorados pela depressão somente viriam encontrar algum alento para suas vidas graças aos programas emergenciais do New Deal. Entretanto, foi apenas com a eclosão da Segunda Guerra Mundial que o desemprego selvagem viria a desaparecer. A conclusão que daí decorre (ao contrário do que supõem alguns críticos) é que a política fiscal foi, sim, expansiva ao longo do New Deal. Na verdade, *ela poderia ter sido mais expansiva*, não fossem os constrangimentos ideológicos, políticos e intelectuais que inibiram intervenções mais ousadas no âmbito da ação estatal.

Entendidas em seu todo, as iniciativas do New Deal revelaram-se fundamentais para retirar a economia norte-americana do atoleiro da depressão. A regulamentação do sistema bancário, a defesa da agricultura, os dispêndios das agências governamentais e a montagem do sistema de proteção social permitiram a recuperação quase sistemática do consumo pessoal (crescimento de 46% entre 1933 e 1939), em meio à introdução de mecanismos e conquistas institucionais que iriam remodelar a face da nação. É claro que houve percalços e falhas na execução, até mesmo na concepção do New Deal, mas o programa só pode ser criticado pelo que fez, jamais pelo que deixou de fazer.

INGLATERRA E FRANÇA

Se a Alemanha, os Estados Unidos e a Suécia promoveram respostas inovadoras, o mesmo não pode ser dito da Inglaterra e, sobretudo, da França. Com a desvalorização da libra, em setembro de 1931, a Inglaterra pôde usufruir do *dinheiro barato*, já que as amarras douradas deixaram de constranger o exercício da política monetária.

Paralelamente à redução da *discount rate*, promoveu-se uma exitosa operação de troca de títulos públicos, que redundou na diminuição do serviço da dívida interna. No *front* externo, a Inglaterra promoveu a elevação das tarifas de importação e aprofundou as relações comerciais com o Império. Desvalorização, dinheiro barato e protecionismo formaram o tripé sobre o qual se apoiou a recuperação do país nos anos 1930. Uma recuperação modesta quando comparada à da Alemanha e dos Estados Unidos, mas ainda assim superior à marcha letárgica dos países que formavam o bloco do ouro (França, Bélgica, Holanda, entre outros). Apesar de o impacto da depressão ter sido menos dramático na Inglaterra (onde os bancos não foram fulminados) e de a retomada ter se dado com antecedência em relação aos demais países (centrada na construção residencial e nas *new industries* – química, eletricidade, bens de consumo duráveis), o desemprego alcançou proporções elevadas até o final da década (sobretudo entre 1931-1935).

Isso se explica pela recusa dos ingleses de praticarem uma política fiscal expansionista. Ao longo dos anos 1930, os orçamentos permaneceram rigorosamente equilibrados. A força da City e do Treasury View eram por demais evidentes na Inglaterra e inibiram quaisquer iniciativas mais ousadas em termos de política fiscal. Os líderes trabalhistas britânicos (Ramsay MacDonald e Philip Snowden), no poder desde junho de 1929, converteram-se em defensores e executores das *sound finances* recomendadas pelos círculos conservadores. De nada adiantaram as pregações de Keynes em 1929, 1931 e 1933 ou a pressão dos sindicatos e de outros proeminentes trabalhistas (Ernest Bevin) em prol da expansão dos gastos públicos. Alguns, inconformados com a timidez das políticas de combate ao desemprego, romperam com o Partido Trabalhista – como Oswald Mosley, que em 1932 fundou o Partido Fascista da Inglaterra. A força do *establishment* impediu que se forjasse a aliança *Lib-Lab* (*Liberals* e *Labor*), a única que teria condições de levar adiante um programa consistente de redução do desemprego. Com as lideranças trabalhistas emasculadas, a reação britânica à crise foi limitada, com a precaução se sobrepondo à inovação.

AS IDEIAS E OS FATOS

O caso da França foi mais melancólico. Desde a implementação do *franc Poincaré* em dezembro de 1926, a nação permaneceu fervorosamente atada ao ouro. Em junho de 1928, deu-se a desvalorização formal do franco frente ao dólar e à libra, o que fazia supor que as condições econômicas tornar-se-iam mais promissoras. Tal não foi o caso: o crescimento de 1928-1929 foi prontamente abortado pela depressão mundial e o país ingressaria em uma desoladora rota de estagnação. Basta um dado para ilustrar a decadência francesa nos anos 1930: nos seis anos que transcorreram entre 1930 e 1935, o crescimento do PIB *foi negativo* em cinco deles (a exceção foi 1933). Por detrás desse resultado, encontra-se a devoção dos franceses ao ouro. Defender a paridade tornou-se sinônimo de defesa da nação. Nada que pudesse ameaçar a *paridade sagrada* poderia sequer ser cogitado. O equilíbrio orçamentário, em decorrência, tornou-se a *pièce de résistence* da gestão econômica do país. O déficit público seria a antessala da tão temida inflação, e esta poria por terra a paridade consagrada em 1928. Reversivamente, a desvalorização – no entendimento dos franceses – resultaria na inflação, o demônio a ser exorcizado. Essa concepção estreita e simplista – sobretudo em um contexto de depressão e deflação – não foi partilhada apenas pelos círculos conservadores. Também a esquerda (à maneira da social-democracia alemã de Hilferding) aferrou-se ao dogma dos orçamentos equilibrados e à defesa da paridade cambial. Na observação de Kemp (1972, p.103), "um sólido bloco, dos diretores do Banco da França ao Comitê Central do Partido Comunista, clamava pela preservação da paridade de 1928".

Em setembro de 1931, a Inglaterra desvalorizou a libra e, em março de 1933, teve início a desvalorização do dólar. O franco, por consequência, valorizou-se. Desse modo, as exportações francesas, que já vinham de uma modesta trajetória de queda desde 1927, simplesmente desabaram: entre 1929 e 1936 sua queda – sistemática ao longo dos anos – foi da ordem de 70%. Parte desse declínio explica--se pela contração do comércio internacional, mas não resta dúvida que a valorização cambial foi desastrosa para as exportações francesas. Mais ainda: ao empreenderem políticas deflacionárias destinadas a "salvar o franco", os sucessivos gabinetes franceses (Flandin e Laval, em particular) afundaram o país na recessão, a qual contraía as receitas públicas, elevando o déficit das contas governamentais. Restava como alternativa o corte dos gastos públicos, fato que só aprofundou a recessão.

Quando os franceses, cansados da inocuidade das políticas deflacionárias, conduziram o Front Populaire de Léon Blum ao poder (em junho de 1936), as divisões políticas impediram a adoção de qualquer alternativa coerente de resposta à crise. Nem o Front Populaire resultou de um acordo social estruturado (como o que se assistiria em Saltsjöbaden) nem Blum tinha a sustentação política e popular de Roosevelt. Sitiado pelo *mur d'argent*, que prontamente promoveu a fuga de capitais – repetindo o que já fizera durante o Cartel des Gauches, entre maio de 1924 e julho de 1926 –, Blum converteu-se no árbitro impotente face às disputas incandescentes que opunham trabalhadores a proprietários. O Acordo de Matignon (que resultou na elevação dos salários e na introdução da jornada de 40 horas, em troca da desocupação de fábricas que haviam sido tomadas pelos operários) em nada contribuiu – antes o contrário – para assegurar a retomada da economia. Nem a desvalorização do franco, em setembro de 1936, foi de grande valia. A França – ao contrário da Suécia – convertera-se em uma sociedade convulsionada: as únicas bandeiras que uniam o país eram a defesa da República e o temor à Alemanha. A "restauração da confiança", com a queda do Front Populaire em abril de 1938, tampouco foi suficiente para ensejar perspectivas mais otimistas ao país. Vitimada pela insensatez das políticas deflacionárias em meio à depressão, pela radicalização política interna e pela desgraça da ocupação nazista, a França, por vinte anos, foi palco de uma espantosa regressão econômica: em 1948 o nível de seu PIB ainda era inferior ao de 1929.

AS COLIGAÇÕES REFORMISTAS DO PÓS-GUERRA

Como se pode observar, as circunstâncias políticas, em derradeira análise, foram as principais responsáveis pela natureza diferenciada

AS IDEIAS E OS FATOS

das respostas nacionais à crise nos anos 1930. As condições políticas da Suécia, por exemplo, eram distintas das prevalecentes na França. Em consequência, o Acordo de Matignon jamais poderia ter tido o alcance e a transcendência do Acordo de Saltsjöbaden. Da mesma forma, a prevalência da City no espectro político da Inglaterra jamais teria permitido a tutela do setor bancário, à maneira do que se observou na Alemanha. Hitler criou condições políticas que favoreceram a expansão contínua dos gastos públicos, o que não ocorreu na Inglaterra, na França e nem mesmo nos Estados Unidos. Havia, nesses países, poderosos grupos de interesse que defendiam encarniçadamente o equilíbrio orçamentário. Os programas do New Deal, por sua parte, introduzidos em meio a disputas acirradas nos Estados Unidos, seriam impensáveis no contexto atrasado da França, onde as pequenas empresas e as pequenas propriedades rurais eram a norma da vida social. O que se assistiu assim foi a um conjunto de ações independentes e descoordenadas, exercidas em meio às variadas limitações políticas locais, em um ambiente internacional cada vez mais carregado pela ameaça da guerra.

Os desdobramentos da Segunda Guerra criaram as condições para uma radical reversão do quadro político, tanto em um âmbito mundial quanto no plano das nações. *A guerra, na verdade, criou novos consensos e sepultou vários mitos.* Após os longos anos de depressão e da trágica experiência do conflito mundial, não era mais admissível que os homens permanecessem indefesos frente aos ventos do mercado, subjugados por ditaduras impiedosas, ou que as relações internacionais se resolvessem pela força bruta das armas. Esse foi um sentimento comum, que percorreu todo o Ocidente. A luta contra o nazismo e o militarismo japonês acendeu a esperança de que a democracia política, a proteção aos cidadãos e o funcionamento ordenado das economias deveria pautar a organização das nações. As propostas de Lord Beveridge para a implantação do Welfare State na Inglaterra ou as sugestões de Keynes para a constituição de uma nova ordem monetária internacional foram, inclusive, anteriores ao final da guerra. Elas exprimiam um estado de espírito latente e difundido. A luta heroica da resistência na França e na Itália, da mesma forma, não objetivou apenas a derrota militar do nazismo e do fascismo, mas também a criação de condições para a formação de sociedades mais justas. Em todos os países do Ocidente forjou-se a convicção de que o final da guerra abriria um novo capítulo de prosperidade e justiça social no âmbito das nações.

Claro que as tarefas imediatas de reconstrução eram dramáticas e imperiosas e havia ainda um penoso caminho a ser percorrido. Os desafios eram enormes: se o final do prolongado conflito foi um alívio, a dura realidade da escassez de alimentos, do racionamento de carvão, da destruição das habitações, do colapso dos transportes, das perseguições, do drama dos refugiados e das desgraças vividas – toda essa dura realidade ainda inibia o aflorar da esperança. Nas palavras de Lowe (2012, p.xvii), "a história da Europa no imediato pós-guerra [...] não é a da reconstrução e reabilitação – ela é, antes de tudo, a história do mergulho na anarquia". Mais ainda, não havia clareza e nitidez política em relação aos passos a serem dados: a Alemanha encontrava-se partilhada pelas forças de ocupação (Estados Unidos, União Soviética, Inglaterra e França), estas em desacordo interno quanto às medidas que se deveria implementar. Os soviéticos exigiam reparações, os franceses pretendiam enfraquecer o rival histórico, os norte-americanos pretendiam desestruturar o sistema bancário alemão, enquanto os ingleses buscavam normalizar as relações com a Alemanha. O Japão, por sua vez, ocupado pelas forças do general MacArthur, encontrava-se acuado, submetido a um projeto punitivo que inibia qualquer perspectiva de recuperação. Na França e na Itália, a intensa participação dos comunistas nos movimentos de resistência credenciava-os como atores políticos legítimos e relevantes, e os governos mal conseguiam se sustentar (De Gaulle, por exemplo, sentiu-se compelido a renunciar já em janeiro de 1946). As nacionalizações na França, na Itália e na Inglaterra exprimiam uma nova percepção em relação ao papel do Estado na economia, mas as dificuldades ainda eram notórias. Na Inglaterra, onde os trabalhistas de Attlee destronaram Churchill em julho de 1945, a situação do balanço de pagamentos era crítica e o rigoroso inverno de 1946-1947 tornou as condições de vida ainda mais difíceis. O sonho

AS IDEIAS E OS FATOS

da construção do Welfare State parecia condenado pela miséria da economia: Laqueur (1972, p.42) observa que "o grande problema enfrentado pelo Partido Trabalhista em 1945 era o de construir um Estado de Bem-Estar Social em um país praticamente falido". Nos Estados Unidos, de modo semelhante ao que ocorreu após a Primeira Guerra Mundial, os republicanos retomaram o controle das duas casas legislativas nas eleições de 1946 e deram início a uma cruzada obscurantista voltada à perseguição da esquerda e à tentativa de anular as conquistas do New Deal.

O que se pretende salientar é a complexidade do quadro que emergiu no imediato pós-guerra. Não havia ainda um consenso sedimentado em relação às formas de condução da economia e da política. Havia uma esperança difusa em relação ao futuro, mas as dificuldades materiais e os desentendimentos políticos inibiam as perspectivas mais promissoras para os países. Dois fatos interligados contribuíram de modo central para a alteração no rumo dos acontecimentos: a massacrante superioridade econômica dos Estados Unidos e a eclosão da Guerra Fria. Os aportes norte-americanos por meio da United Nations Relief and Rehabilitation Administration (UNRRA – criada em 1943, por inspiração de Roosevelt e especialmente ativa entre 1945-1947) foram absolutamente decisivos para que a Europa não mergulhasse no desconhecido. Apenas as doações da UNRRA permitiram que as carências mais gritantes fossem superadas. De outra parte, o anúncio da Doutrina Truman e do Plano Marshall, em março e julho de 1947, respectivamente, definiram o novo marco político das relações internacionais e asseguraram aos países ocidentais um fluxo regular de recursos que se estenderia até 1952.

Em uma palavra: as nações alinhadas aos Estados Unidos gozariam de tratamento privilegiado. Em troca, deveriam prestar obediência aos desígnios geopolíticos de Washington: não por acaso, em maio de 1947 os comunistas foram excluídos das coligações de poder na Itália e na França. A sucessão dos fatos em 1948-1949 deu contornos finais à Guerra Fria e firmou a base política sobre a qual deveria assentar--se a recuperação econômica da Europa e do Japão: em fevereiro de

1948 os comunistas tomaram o poder na Tchecoslováquia; em junho de 1948 teve início o bloqueio de Berlim (se estendendo até maio de 1949); em 1948 começaram os desembolsos do Plano Marshall e os países passaram a exibir índices razoáveis de crescimento da produção industrial; em março de 1949 foi formalizada a criação da Otan; em agosto do mesmo ano a União Soviética anunciou a posse da bomba atômica; em setembro de 1949 deu-se a criação formal da República Federal da Alemanha; e em outubro as forças de Mao Tsé-Tung tomaram o poder na China. Por fim, a eclosão da Guerra da Coreia, em junho de 1950, alterou definitivamente os termos do relacionamento entre os Estados Unidos e o Japão: este deixou de ser visto como um inimigo derrotado e passou a ser considerado o principal aliado estratégico dos interesses norte-americanos no Pacífico (Mazzucchelli, 2013, p.60).

As implicações da nova configuração política internacional foram decisivas. *O ambiente tornou-se propício à formação de coalizões políticas reformistas nos distintos países.* Forjou-se um amplo campo de entendimento do qual participaram democratas cristãos (Alemanha e Itália), sociais-democratas (Alemanha e Suécia), socialistas (Itália), gaullistas e não gaullistas (França), trabalhistas e conservadores (Inglaterra), liberais democratas (Japão), democratas e republicanos (Estados Unidos) e, até mesmo, os comunistas (França e Itália). Talvez o ponto central das referidas coalizões foi *a convicção – por todos partilhada – de que era necessário domesticar o funcionamento do capitalismo.* Liberto da regulação e do controle público, o capitalismo havia produzido o desastre dos anos 1930 e era essencial reter as lições positivas das estratégias de defesa bem-sucedidas. Não por acaso, as experiências da Suécia, do New Deal e, inclusive, do nazismo tornaram-se objeto de particular consideração.

No que se refere à direção econômica dos países, três aspectos devem ser destacados: *primeiro*, a ordem internacional que emergiu de Bretton Woods (de inspiração nitidamente reformista) facilitou o exercício das políticas econômicas nacionais. A existência de restrições à livre movimentação dos capitais, em particular, permitiu que os sistemas nacionais de crédito fossem direcionados para suas finalidades

AS IDEIAS E OS FATOS

precípuas, vale dizer, o financiamento ao investimento, à produção e ao consumo (Belluzzo, 2009, p.75-76, p.155-156 e p.283). A ausência de flutuações cambiais mais intensas (sobretudo a partir do realinhamento das taxas de câmbio em 1949) e a possibilidade de praticar baixas taxas de juros favoreceram enormemente a acumulação produtiva. *Segundo*, como já se destacou, a participação do Estado na economia passou a ser essencial. Construiu-se um novo consenso a partir do qual a presença do Estado – no planejamento industrial e macroeconômico, na gestão de parcela do setor produtivo, no provisionamento da infraestrutura, no financiamento direto ao investimento e na estruturação dos sistemas de bem-estar social – tornar-se-ia vital para o direcionamento das inversões privadas e para a sustentação da demanda agregada. *Terceiro*, é importante assinalar que – em face dos quinze anos consecutivos de atribulações que transcorreram do início da Depressão ao final da guerra – as oportunidades de inversão haviam se ampliado consideravelmente na Europa Ocidental e no Japão. Em particular, a possibilidade de mimetizar o padrão manufatureiro norte-americano, com base nos esforços locais, tornara-se uma realidade plausível.

Não menos importante foi a convicção, partilhada pela maior parte das correntes políticas de opinião, de que o destino dos indivíduos não poderia mais ser definido – como em tempos anteriores – tão-somente pelas vicissitudes do mercado. Estas, de um lado, deveriam scr atenuadas pela busca permanente do pleno emprego, por meio do manejo adequado da política fiscal. Por outro lado, caberia ao Estado a responsabilidade pela vida dos cidadãos. Após as agruras da Depressão e da guerra, firmou-se o entendimento de que a sorte dos homens, mulheres, idosos e crianças deveria dissociar-se das intempéries da concorrência. Daí resultaria a teia de benefícios incorporada aos programas universais de educação, saúde e previdência; a proteção pública à infância, à maternidade e à velhice; a regulamentação da jornada e das condições de trabalho; a defesa de padrões mínimos de remuneração e o amparo do seguro-desemprego, que iriam beneficiar milhões de trabalhadores por todo o Ocidente. As tendências dissolventes do regime de produção capitalista se submeteriam,

184 FREDERICO MAZZUCCHELLI

doravante, à tutela da mão do Estado: a espada de Lord Beveridge agora se voltaria contra os "cinco gigantes" que, por tanto tempo, afligiram as sociedades avançadas – o Desalento, a Ignorância, a Doença, a Miséria e a Ociosidade.[6]

As nações, desde logo, tinham desafios específicos. No caso dos Estados Unidos, por exemplo, a questão central que se colocou no pós-guerra não foi propriamente a da reconstrução ou da recuperação, mas a do exercício da hegemonia mundial. Dotados de uma supremacia econômica e militar incontrastável, os norte-americanos – em meio às disputas da Guerra Fria – trataram de estimular a expansão capitalista em sua esfera de influência. O Plano Marshall, a abertura de seus gigantescos mercados, o apoio à integração europeia e a aceitação do protecionismo japonês se inscreveram exatamente nessa perspectiva. Ao mesmo tempo, a liderança militar do Ocidente gerou obrigações e intervenções com o propósito de conter a expansão mundial do comunismo. Internamente, o *liberal consensus* das reformas incrementais (que se estendeu até a eleição de Nixon) tinha por base a *esdrúxula associação entre reformismo e anticomunismo*. Seu exemplo mais conspícuo foi Johnson, que lançou os ambiciosos programas domésticos da Great Society paralelamente à escalada da guerra do Vietnã.

Para a Inglaterra, que se viu despojada de seu outrora glorioso Império, as tarefas do pós-guerra se concentraram na defesa da libra e de seus cidadãos. A busca do pleno emprego e a consolidação do Welfare State converteram-se em objetivos consensuais de trabalhistas e conservadores. Ultrapassados na arena da concorrência internacional, os ingleses enfrentaram o recorrente constrangimento do balanço de pagamentos no pós-guerra, responsável pela aplicação sistemática das políticas de *stop and go* (*Butskellism*).[7] Isolada

---

6 Em uma caricatura da época, Lord Beveridge aparece brandindo sua espada contra os referidos "gigantes", por ele considerados os maiores males da Inglaterra. Ver Lynch (2008, p. 9) e, também, *The Spirit of '45*, documentário dirigido por Ken Loach, 2013, trecho 15:15.

7 Acrônimo resultante da fusão dos nomes de R. A. Butler (conservador, Ministro da Fazenda entre 1951-1955) e H. Gaitskell (trabalhista, Ministro da Fazenda entre

AS IDEIAS E OS FATOS

da integração europeia, a Inglaterra rendeu-se à supremacia da City e implantou um avançado e abrangente Estado de Bem-Estar Social. Suas pretensões políticas mundiais se esvaíram na desastrosa ocupação do Canal de Suez em 1956, quando foram intimados por Eisenhower a se retirar do Egito.

No caso da Alemanha, superados os percalços políticos e institucionais em 1949, a missão da democracia cristã de Adenauer e Erhard consistiu em se livrar do arsenal de restrições impostas pelos nazistas, e libertar a gigantesca máquina de produção alemã. Dotados de uma estrutura industrial mais robusta e diferenciada do que seus parceiros europeus, os alemães concederam prioridade e incentivos explícitos às exportações. O demônio exportador alemão passou a exibir saldos comerciais consistentes a partir de 1952. Os milhões de refugiados foram progressivamente absorvidos pelo mercado de trabalho, e o princípio da codeterminação assegurou a paz nas relações trabalhistas. A *economia social de mercado*, longe de configurar uma reinvenção do *laissez-faire*, representou uma exitosa experiência de estímulo e controle das forças propulsoras do capitalismo local.

Já os desafios que se impunham ao Japão, à França e à Itália no pós-guerra eram distintos. Tratava-se, nesses países, de empreender um autêntico *salto de modernização*. Para tanto, foi fundamental contar com a participação decisiva do Estado. A eclosão da Guerra da Coreia sepultou os preceitos deflacionários da Missão Dodge enviada ao Japão no ano anterior e impulsionou as exportações para os Estados Unidos. Por meio da atuação discricionária do Ministério da Indústria e do Comércio Exterior (MITI), a entrada do capital estrangeiro foi rigorosamente disciplinada e foram estabelecidos critérios seletivos para as importações. O Banco do Japão, ao mesmo tempo, incumbiu-se de prover recursos aos bancos privados, fortalecendo a posição dos grandes blocos de capital (*keiretsu*). Os investimentos foram direcionados para os setores considerados prioritários e, em 1966, o Japão se afirmou como a segunda economia capitalista mundial.

1950-1951), destinado a ilustrar a semelhança essencial da política econômica conduzida pelos dois partidos no pós-guerra.

Na França, um país onde a norma eram os pequenos estabelecimentos, a modernização veio com a introdução do Plano Monnet, entre 1947 e 1952. Mediante o controle público sobre o crédito foi possível estimular os ramos industriais eleitos pelo planejamento central como estratégicos em termos do desenvolvimento nacional. A normalização das relações econômicas com o poderoso vizinho alemão deu-se com a criação da Comunidade Europeia do Carvão e do Aço em 1952, um cartel europeu que estabeleceu metas de produção e acesso comum às duas matérias-primas essenciais da indústria. A legião de pequenas e médias empresas não foi abandonada à própria sorte, já que a política adaptativa de "apoio aos grandes e proteção aos pequenos" foi uma marca característica da gestão econômica do país.

Na Itália, onde 42% da população ativa ainda se encontrava na agricultura em 1954, a expansão capitalista concentrou-se no Norte (Turim e Milão, basicamente). A descoberta dos depósitos de gás natural no Vale do Pó, a construção de hidroelétricas, os investimentos públicos do Instituto per la Ricostruzione Industriale (IRI) e do Ente Nazionale Idrocarburi (ENI), os avanços da indústria automobilística local (Fiat), a atuação inovadora de grandes empresas (Pirelli e Olivetti), os investimentos estrangeiros, o turismo e a integração europeia deram um novo alento ao capitalismo local e redefiniram o *facies* até então acanhado da sociedade italiana.

O grande acordo social do pós-guerra foi coroado com a exuberante expansão econômica. O crescimento fez-se acompanhar da elevação da produtividade e dos salários reais, da perceptível melhoria das condições de vida das populações, da difusão dos programas de proteção social, da sustentação de baixos níveis de desemprego e da ausência de flutuações pronunciadas da atividade econômica. Mesmo em meio às diferenças nas trajetórias nacionais houve um consenso político maior, do qual participaram *todas* as correntes de opinião em *todos* os países, de que era, sim, possível – e, ademais, necessário – disciplinar o funcionamento do capitalismo de modo a alcançar o objetivo estratégico do pleno emprego e do bem-estar social.

As atribulações econômicas internacionais, e a própria mudança dos rumos da Guerra Fria, fizeram com que o grande acordo do pós-guerra fosse progressivamente desfeito nos anos 1970. Quando confrontada com o quadro atual da submissão passiva aos desígnios das finanças, a experiência do pós-guerra revela-se não apenas surpreendente, mas também uma possibilidade hoje praticamente inalcançável.

AS REAÇÕES POSSÍVEIS À CRISE ATUAL: UMA BREVE DIGRESSÃO

A violência da crise inaugurada em 2007 e 2008 não pode ser subestimada. Como já se observou, foi apenas em decorrência do socorro do Estado que ela não se transfigurou em uma depressão profunda. Em tese, a profundidade da crise deveria ter ensejado reações mais contundentes. Seria previsível que houvesse uma aglutinação de forças políticas em escala mundial, exigindo uma reestruturação no modo de funcionamento da economia. Em particular, a necessidade de restaurar a regulamentação do sistema financeiro apareceu como uma necessidade imperiosa. Ouviram-se, por todo o mundo, vozes influentes em âmbito da reflexão acadêmica, da imprensa, dos organismos internacionais, dos partidos políticos e, até mesmo, dos círculos íntimos de poder denunciando os "excessos" cometidos pelas finanças desreguladas. Todas apontavam para a urgência em retornar o *regime de disciplina* ao mundo das finanças. O alentado relatório da Financial Crisis Inquiry Commission chegou a afirmar, em letras garrafais, que "as falhas generalizadas na regulamentação financeira e na supervisão se demonstraram devastadoras para a estabilidade dos mercados financeiros nacionais" (Congresso Norte-Americano, 2011, p.xviii). Era plausível que essa discussão avançasse.

Entretanto, os avanços têm sido excessivamente tímidos. A dominação das finanças parece ser mais profunda, e não se observam no horizonte atores políticos suficientemente fortes e relevantes para forçar mudanças essenciais em seu modo de funcionamento. Tudo parece indicar que a reconhecida perda de prestígio de Walt Street não se traduziu na correlata perda de poder político. O aporte de recursos públicos salvou as instituições financeiras, impediu o aprofundamento da crise, mas serviu também para neutralizar as críticas. Passada a tormenta inicial, veio a acomodação. É certo que as taxas de crescimento do produto são medíocres, que o desemprego se elevou e que as condições para uma retomada consistente ainda estão distantes. Mas nada disso parece suscitar uma mobilização efetiva destinada a alterar o modo de ser do regime econômico. Nada equivalente às respostas dos anos 1930 ou ao consenso do pós-guerra se observa nas atuais circunstâncias.

Uma razão – já assinalada – para esse desfecho é que a intensidade da crise foi sentida de maneira mais dramática na periferia europeia e não no núcleo das economias centrais. Uma crise profunda na Grécia, Portugal, Espanha, Irlanda, Islândia ou Chipre tem implicações obviamente distintas de uma crise nos Estados Unidos, Alemanha, Inglaterra, França ou Japão. Não foi assim nos anos 1930, quando a crise atingiu em cheio as economias centrais; também não foi assim no pós-guerra, quando *todos* os países ocidentais envolvidos no conflito se empenharam na tentativa de disciplinar as finanças e impulsionar a acumulação produtiva, de modo a alcançar o pleno emprego e o bem-estar social. A concentração dos efeitos dissolventes da crise atual nas economias mais débeis parece, assim, legitimar as políticas acomodatícias nos países centrais.

Existem certas determinações estruturais que apontam nessa direção. Primeiro, cabe destacar que a indústria e a agricultura não são mais as mesmas. Em relação a esta última, sua importância na estrutura econômica, social e política do núcleo central do capitalismo é hoje notoriamente reduzida. Amparada por subsídios e tarifas protecionistas, sua participação no emprego é irrisória. Tampouco parece ter sido afetada de maneira mais profunda pela crise. Quanto à indústria, a migração para as regiões onde os custos de produção são mais baixos alterou sensivelmente seu posicionamento no quadro nacional. Belluzzo e Almeida (2013) observam que a "mudança na configuração espacial da indústria [...] foi acompanhada de um grande esforço das corporações transnacionais para concentrar suas estratégias na atividade principal (*core business*)". A China e o complexo asiático, na verdade, converteram-se na nova oficina do mundo. A "'exteriorização'

AS IDEIAS E OS FATOS

dos segmentos produtores de peças, componentes e bens finais sob o comando 'inteligente' da chamada 'empresa integradora'", a que os autores fazem referência, resultou não apenas na redução dos custos e no aumento da eficiência, mas também no esvaziamento dos parques produtivos nacionais. Se forem excetuadas as indústrias associadas à tecnologia de informação e comunicação, a química e farmacêutica, os segmentos ligados à defesa e a "inteligência das empresas integradoras", a indústria mundial se encontra hoje localizada na Ásia. Lá está a vanguarda da produção automobilística, da siderurgia, da eletrônica, da construção naval e de uma série de outros setores.

As consequências desse processo não são triviais. Uma de suas dimensões cruciais é a exportação de empregos e a decorrente debilitação dos sindicatos industriais, cuja vocalização política tornou-se mais tíbia. As grandes corporações industriais, por sua parte, não apenas estreitaram suas relações com a Ásia – o que, por si só, torna-as solidárias à livre movimentação dos capitais –, mas submeteram a gestão de seus excedentes financeiros a critérios e práticas não necessariamente distintos da lógica das finanças desregulamentadas. Isso significa que sua adesão à disciplina financeira tende a ser, no mínimo, cautelosa.

A ausência de atores políticos capazes de se contrapor à dominação das finanças se projeta na própria sociedade. Uma característica marcante das sociedades de massa contemporâneas é o esmagamento da razão. Na luta incessante pela sobrevivência, a percepção que os indivíduos têm das conexões internas do mundo que os circunda é severamente limitada. Quem supostamente orienta suas ações racionais é a mídia, que age como o centro nervoso produtor de ideias, valores e consensos. Suas articulações com as estruturas de dominação e poder são por demais evidentes e dispensam maiores considerações. Sob o disfarce da *informação*, a mídia se ocupa também da *formação* da agenda política. Além da propagação diária do credo liberal, suas ações alimentam a construção dos temas de mobilização e atuação política. Os temas são particulares, eleitos a partir de aspirações de parcelas da sociedade. Seu somatório passa a definir o que seria a correção do comportamento político. Nessa operação, o *politicamente correto* é também *politicamente fragmentado*. Os temas são específicos e deles resultam lutas apenas específicas.

Dessa forma, o sentimento de cidadania tende a ser afirmado em resposta a demandas fragmentadas. A legalização do aborto, a defesa do casamento gay, a proteção aos animais, a garantia aos ciclistas, a preservação da natureza, a causa indígena, a descriminalização da maconha, o combate à violência policial, o direito das minorias raciais, o clamor pela transparência e o repúdio à corrupção – são bandeiras meritórias, que devolvem aos cidadãos isolados e atônitos a sensação de pertinência cívica. A questão não está, propriamente, no conteúdo das demandas, *mas sim no exercício particular de sua execução*. As demandas são tópicas e pontuais e, via de regra, não estão inscritas em um projeto abrangente. Existe assim uma tendência à formação de guetos monotemáticos reivindicatórios (não necessariamente progressistas), incapazes de compreender a totalidade que os circunda e de lutar por transformações mais profundas na estrutura da vida social.

As vítimas, por sua vez, não têm capacidade de mobilização política. Aqueles que sofrem os efeitos da crise nos países capitalistas centrais – já se mencionou – são, acima de tudo, os imigrantes, os jovens e os cronicamente despossuídos. É duvidoso, contudo, que os porto-riquenhos ou mexicanos nos Estados Unidos, os turcos na Alemanha, os argelinos na França ou os eslavos na Inglaterra tenham qualquer capacidade de articulação política. Antes o contrário: passam a ser estigmatizados e responsabilizados pelo estreitamento das oportunidades de emprego. Ademais, desde meados dos anos 1970, mudou o patamar das taxas de desemprego no centro capitalista: nos Estados Unidos, a título de exemplo, a taxa *média* de desemprego nos anos 1960 foi inferior a 5%. Em outras palavras: as sociedades avançadas de há muito convivem com um nível mais elevado de desocupação, o que não traz maiores transtornos políticos nem suscita reações mais exaltadas.

No que se refere à periferia europeia – submetida às políticas de austeridade –, o quadro é desolador. A aventura da adesão ao euro cobra hoje um preço amargo. Suas populações estão desprotegidas, humilhadas pela lógica do corte dos gastos públicos e pela contração

AS IDEIAS E OS FATOS

do crédito privado. Seu futuro é incerto, e a possibilidade de substituição dos governos empenhados em promover a austeridade por forças nacionalistas da extrema-direita não pode ser descartada.

Em conclusão, as circunstâncias no centro capitalista – perda de importância da agricultura, mudanças na morfologia da grande empresa industrial, enfraquecimento dos sindicatos, fragmentação das demandas sociais, concentração dos efeitos da crise nos estratos inferiorizados da escala social – e a projeção das agruras para a periferia europeia favorecem a reiteração de políticas estritamente acomodatícias. A luta pelo pleno emprego e o bem-estar social tornou-se, nesse contexto, uma reminiscência do passado. Mais que uma quimera, transformou-se em uma heresia...

FRANCISCO EM SANTA CRUZ DE LA SIERRA

O discurso do Papa Francisco em Santa Cruz de la Sierra, na Bolívia, no dia 9 de julho de 2015, passou praticamente despercebido pela grande imprensa. O destaque foi apenas discreto, e a repercussão, mínima. Rotulado como "anticapitalista", o discurso suscita indagações pertinentes.

SERÁ O PAPA UM DENUNCIANTE BANAL?

É manifesta a preocupação do Papa com o destino dos deserdados e excluídos: "reconhecemos que as coisas não andam bem num mundo onde há tantos camponeses sem terra, tantas famílias sem teto, tantos trabalhadores sem direitos, tantas pessoas feridas em sua dignidade". Os "mais elementares direitos econômicos, sociais e culturais" são negados "a milhares de milhões de irmãos". Para o Sumo Pontífice, um sistema que promove tamanhas "situações de injustiça (de) que padecem os excluídos de todo o mundo [...] atenta contra o projeto de Jesus".

Não é possível contrariar os fatos. Salta a olhos vistos a gravidade da situação social por todo o mundo. Não se trata apenas dos desempregados, subempregados, despossuídos ou precariamente ocupados da Bolívia, a quem o Papa dirigiu suas palavras. Nos Estados Unidos (sim, nos Estados Unidos!), na América Latina, na Europa Central e do Leste, na Europa Ocidental, na Ásia ou na África é flagrante a degradação das condições de vida. Na Colômbia, na República Dominicana, na Jamaica, na Irlanda, na Grécia, em Portugal, na Eslováquia, na Espanha, na Bósnia, na Hungria, na Sérvia, na Letônia, na Turquia, no Irã, na Jordânia – para mencionar apenas alguns países –, as taxas de desemprego são superiores a 10% e, em certos casos, superiores até a 20%. O drama dos africanos que morrem no Mediterrâneo tentando chegar à Europa é uma ofensa aos mais elementares sentimentos humanitários. É importante sublinhar que se assiste, hoje, à marcha de um processo regressivo. Existe uma indiscutível deterioração das condições de vida, emprego e trabalho ao redor do mundo. É essencial repudiar a constatação simplista, cínica e resignada de que "sempre foi assim". Não é verdade: a piora das condições de emprego e trabalho é correlata às transformações da economia capitalista a partir da desorganização dos anos 1970. O colapso das normas de cooperação e solidariedade forjadas no pós-guerra (o chamado "consenso keynesiano") e a reentronização da lógica pura e dura dos mercados produziram impactos avassaladores sobre o equilíbrio das sociedades. A recente crise de 2007-2008, cujos efeitos ainda não foram dissipados, tornou o quadro social apenas mais deprimente.

Não, o Papa não é um denunciante banal!

SERÁ O PAPA UM AMBIENTALISTA RETRÓGRADO, CONTRÁRIO À MARCHA INEXORÁVEL DO PROGRESSO?

Segundo Francisco, não só os homens são vitimados pela "economia que exclui e mata". A mesma economia que lança milhões de trabalhadores ao desamparo e à pobreza, também "destrói a Mãe Terra": "reconhecemos que as coisas não andam bem quando o solo, a água, o ar e todos os seres da criação estão sob ameaça constante".

AS IDEIAS E OS FATOS

Não é necessário nenhum esforço especial para perceber que existe uma tensão permanente entre a preservação do meio ambiente e a expansão da agricultura, da pecuária, da infraestrutura ou da indústria. Os indicadores de crescimento (taxa de variação do PIB; milhões de veículos automotivos produzidos; milhões de metros quadrados construídos; milhões de hectares plantados) não forçosamente captam a melhoria das condições gerais de vida das populações. Podem até significar o seu contrário. As violências perpetradas ao meio ambiente, digamos, nos últimos duzentos anos foram assustadoras. Qual o impacto ambiental da Revolução Industrial na Inglaterra? O que sucedeu com os lagos, os rios, as florestas, o solo e o ar dos Estados Unidos a partir da expansão frenética posterior à Guerra de Secessão? O que ocorreu na União Soviética durante a "industrialização forçada" de Stalin? O que ainda hoje ocorre na China? A formação da consciência é sempre uma resposta a situações intoleráveis. Não é diferente com a consciência ambiental: foram necessários séculos de predação e destruição para que as sociedades reagissem à mutilação da natureza. A "economia justa" advogada pelo Papa pressupõe o aprimoramento do ser humano "em harmonia com a natureza".

Não, o Papa não é um ambientalista retrógrado!

SERÁ O PAPA UM DISCÍPULO DISFARÇADO DE MARX OU DE KEYNES?

De acordo com as ponderações de Francisco, o sistema, que "impõe a lógica do lucro a todo custo" é aquele em que "o dinheiro reina em vez de servir". Trata-se, em uma palavra, do capitalismo, livre de qualquer disciplina e regulação. Para o Papa, é esse o mal maior que explica as mazelas contemporâneas:

> Está-se a castigar a terra, os povos e as pessoas de forma quase selvagem. E por trás de tanto sofrimento, tanta morte e destruição, sente-se o cheiro daquilo que Basílio de Cesareia chamava "o esterco do diabo": reina a ambição desenfreada de dinheiro. [...] Quando o capital se torna

um ídolo e dirige as opções dos seres humanos, quando a avidez do dinheiro domina todo o sistema socioeconômico, arruína a sociedade, condena o homem, transforma-o em escravo, destrói a fraternidade inter-humana, [e] faz lutar povo contra povo [...].

Marx demonstrou à saciedade que a busca frenética da valorização, liberta da tutela da sociedade, produz consequências dramáticas para os homens e a natureza. Keynes, em várias passagens, referiu-se à "morbidez repugnante" do "amor ao dinheiro". A crítica ao desejo ilimitado pelo dinheiro é comum a ambos os autores, certamente os críticos mais perspicazes e contundentes do capitalismo: para Marx esta é uma característica determinante e constitutiva do regime do capital, que tem na fórmula D-D' (dinheiro que engendra mais dinheiro) a sua razão suprema. Para Keynes, o *love of money* é uma patologia, uma aberração, que deveria ser extirpada por meio da tributação progressiva e da "eutanásia do rentista". Entretanto, não é necessário ser um seguidor fiel de Marx ou de Keynes para perceber os efeitos dissolventes que a lógica exclusiva do lucro monetário exerce sobre a vida social. Quantos romancistas ou pensadores já não abordaram esta questão? Francisco enfatiza o dado crucial: quando o dinheiro se converte no altar dos homens as consequências tendem a ser dramáticas para as sociedades e para a natureza.

Não, o Papa não é um discípulo disfarçado de Marx ou de Keynes! Entretanto, sua percepção sobre a corrosão que a "ambição desenfreada de dinheiro" exerce sobre as sociedades é convergente com as observações críticas desses dois notáveis autores.

SERÁ O PAPA UM "POPULISTA" QUE NÃO SE DÁ CONTA QUE O "ESTADO DEVE CABER NO PIB"?

Já se mencionou que, segundo Francisco, "os seres humanos e a natureza não devem estar ao serviço do dinheiro. Digamos NÃO a uma economia de exclusão e desigualdade, em que o dinheiro reina em vez de servir. Esta economia mata. Esta economia exclui. Esta economia

AS IDEIAS E OS FATOS

destrói a Mãe Terra". A economia almejada pelo Papa não é a economia que idolatra o dinheiro, mas a economia voltada ao bem-estar dos homens:

> Uma economia verdadeiramente comunitária – poder-se-ia dizer, uma economia de inspiração cristã – deve garantir aos povos dignidade, "prosperidade e civilização em seus múltiplos aspectos". Isso envolve [não apenas] os "3Ts" [Terra; Trabalho; Teto], mas também o acesso à educação, à saúde, à inovação, às manifestações artísticas e culturais, à comunicação, ao desporto e à recreação. Uma economia justa deve criar as condições para que cada pessoa possa gozar duma infância sem privações, desenvolver seus talentos durante a juventude, trabalhar com plenos direitos durante os anos de atividade e ter acesso a uma aposentadoria digna na velhice. É uma economia em que o ser humano, em harmonia com a natureza, estrutura todo o sistema de produção e distribuição, de tal modo que as capacidades e necessidades de cada um encontrem um apoio adequado no ser social. [...]
>
> Esta economia não é apenas desejável e necessária, mas também possível. Não é uma utopia nem uma fantasia. É uma perspectiva extremamente realista. Podemos consegui-la. Os recursos disponíveis no mundo, fruto do trabalho intergeracional dos povos e dos dons da criação, são mais que suficientes para o desenvolvimento integral de "todos os homens e do homem todo".

Cabe, de início, uma observação: a economia imaginada pelo Papa em tudo se assemelha àquela idealizada por Keynes (1988, p.10 e p.333) em 1930:

> O problema econômico [...] o problema da necessidade, da pobreza e da luta econômica entre as classes e as nações não é senão uma espantosa confusão, uma transitória e desnecessária confusão. [...] O mundo ocidental já tem os recursos e a técnica [...] capazes de reduzir o problema econômico [...] a uma posição de importância secundária. [...] Não está distante o dia [...] em que a arena do coração e da razão deverá ser ocupada, ou reocupada, por nossos problemas reais: os problemas da

vida e das relações humanas, da criação, do comportamento e da religião. [...] Não superestimemos a importância do problema econômico nem sacrifiquemos a suas supostas necessidades outras questões de maior significado e permanência. A economia deve ser uma questão reservada aos especialistas, como a odontologia. Seria estupendo se os economistas pudessem ser considerados pessoas modestas e competentes como os dentistas.

Tais palavras podem parecer delirantes. O chamado "problema econômico" – o grilhão da necessidade, a luta cotidiana pela sobrevivência, a busca desesperada pelo dinheiro – continua a infernizar os homens. Não se deve perder de vista, contudo, que a humanidade tem, sim, condições técnicas de superar o tormento da escassez. Alguém em sã consciência pode duvidar, por exemplo, que a humanidade há muito dispõe dos recursos e da técnica necessários para eliminar a fome do planeta? Para eliminar o analfabetismo? Para eliminar as doenças elementares? Para o provimento universal da água potável? Para eliminar o déficit de habitações? Para garantir o acesso de todos à educação formal? Certamente este não é um problema técnico. E tampouco – embora possa parecer o contrário – um problema de falta de recursos. O problema é unicamente político: são os interesses das classes dirigentes e o egoísmo das nações dominantes que impedem o real enfrentamento das questões básicas da condição humana.

Uma questão correlata é que a "economia justa", a "economia de inspiração cristã" advogada pelo Papa, pressupõe o financiamento adequado dos dispêndios públicos. É impossível garantir o acesso universal à educação, à saúde, à habitação, à "infância sem privações" e à "aposentadoria digna na velhice" sem a presença determinante do Estado. As condições sociais e políticas do pós-guerra, lembra o professor Belluzzo (2015), impuseram "importantes transformações no papel do Estado" que resultaram no "surgimento de novos encargos e obrigações". A consequência foi o aumento da carga tributária e da despesa pública. A exitosa implantação do Welfare State na Inglaterra fez-se acompanhar, obviamente, do aumento das receitas públicas. Os

AS IDEIAS E OS FATOS

"Pagamentos aos Indivíduos" nos Estados Unidos, que representavam cerca de 1% do PIB em 1940, alcançaram uma proporção próxima a 10% em 1975; neste mesmo período, a carga tributária cresceu cerca de 70% (Stein, 1994, p.456-457 e p.460). A elevação da carga tributária – e do dispêndio público – a partir da segunda metade do século XX foi o resultado de um consenso político decorrente da ampliação dos direitos sociais.

O espaço fiscal dos orçamentos públicos, convém recordar, é o *locus* em que desaguam os interesses conflitantes das sociedades. Os endinheirados vociferam contra os impostos; os despossuídos deles necessitam. A maré conservadora inaugurada por Thatcher e Reagan insiste em buscar a redução da carga tributária (sobretudo para os ricos) e anatematizar o gasto social (entendido como assistencialismo irresponsável). A "economia justa" do Papa, ao contrário, tem como premissa a elevação seletiva da carga tributária e a utilização criteriosa do dispêndio público.

Não, o Papa não é um "populista"! Ele sabe perfeitamente que, com uma tributação adequada, é possível direcionar a despesa pública para objetivos sociais e comunitários, sem que se produzam desequilíbrios estruturais nas contas públicas.

SERÁ O PAPA UM ANTI-IMPERIALISTA TOSCO OU UM CEPALINO TARDIO?

Segundo o Pontífice,

> [...] o colonialismo, novo e velho, que reduz os países pobres a meros fornecedores de matérias-primas e mão de obra barata, gera violência, miséria, emigrações forçadas e todos os males que vêm juntos [...] precisamente porque, ao pôr a periferia em função do centro, nega-lhes o direito a um desenvolvimento integral. [...] Digamos NÃO às velhas e novas formas de colonialismo.

As formas de dominação se transformaram com o tempo. Até a eclosão da Primeira Guerra Mundial prevalecia a presunção de que a força das nações decorria da extensão de seus impérios. Com o final da conflagração ruíram o Império Germânico, o Império Austro-Húngaro e o Império Otomano. O Império Russo se dissolveu com a revolução bolchevique de 1917 e o Tratado de Brest-Litovsk. No entreguerras, a Inglaterra e a França – senhoras da Liga das Nações – expandiram a amplitude dos respectivos domínios coloniais. Ao final da Segunda Guerra, as antigas colônias tornaram-se nações independentes. A Inglaterra e a França converteram-se em potências de segunda linha. A partir de então, a hegemonia norte-americana se impôs através da força de sua economia e de sua supremacia militar. Os países capitalistas passaram a gravitar em torno dos Estados Unidos. Entre os anos 1950 e 1970, a Europa Ocidental e o Japão se recuperaram e passaram a fazer frente aos Estados Unidos nos mercados mundiais. Foi este também o momento em que se deu a industrialização de parte da chamada periferia. A partir dos anos 1980, os interesses da alta finança passaram a ganhar destaque no interior das nações capitalistas. Ao mesmo tempo, as grandes corporações deslocaram parte relevante de suas plantas e processos produtivos para as regiões com abundância de mão de obra (Ásia, em particular). As formas de dominação tornaram-se mais sutis, envolvendo a tutela da política cambial, da política fiscal e monetária. Os países com moedas não conversíveis ficaram à mercê dos ataques especulativos dos grandes capitais internacionais. O raio de ação e manobra das políticas econômicas nacionais se estreitou consideravelmente. A "excelência" e o "bom comportamento" das nações passaram a ser medidos pelas avaliações das agências internacionais de risco, em contubérnio com os grandes bancos e fundos de investimento internacionais. O "novo colonialismo", a que faz referência o Papa, é hoje, acima de tudo, a subserviência aos ditames do capital financeiro.

Não, o Papa não é um anti-imperialista tosco e nem um cepalino tardio! As nações estão, sim, submetidas a sérias restrições no exercício de políticas econômicas soberanas. Não por acaso, incontáveis governos progressistas tornam-se reféns dos interesses dominantes e se veem constrangidos a praticar políticas ortodoxas.

SERÁ O PAPA CONTRÁRIO A LIBERDADE DE IMPRENSA?

O Papa não hesita em afirmar que a dominação imposta pelo dinheiro estabelece uma "ditadura sutil", um "elo invisível que une cada uma das exclusões". Francisco não usa meias palavras ao se referir ao "poder anônimo do ídolo dinheiro" ou à "tirania do ídolo dinheiro". É o poder do dinheiro o elemento ordenador e, ao mesmo tempo, desagregador da vida social. Se o dinheiro é o "elo invisível" que comanda as exclusões e a predação da natureza, a "destruição" e domesticação das mentes fica a cargo dos meios de comunicação, também eles submetidos à lógica monetária: "a concentração monopolista dos meios de comunicação social" ao "impor padrões alienantes de consumo e certa uniformidade cultural" esvazia a capacidade crítica dos homens.

Segundo o romancista e jornalista Leonardo Padura (2015), "fazer hoje um jornalismo honesto, comprometido com a verdade e a sociedade, é uma postura que está se tornando cada vez menos comum ao redor do mundo". Padura refere-se aos "poderes visíveis e invisíveis, mas sempre castradores" que convertem o jornalismo em "um meio a mais para exercer e validar o domínio dos verdadeiramente poderosos: os políticos e os donos do dinheiro em todas as partes do mundo". É impossível negar esta constatação: a "concentração monopolista dos meios de comunicação", a que faz referência o Papa, é parte decisiva e integrante se um sistema de dominação em cuja cúspide se encontram – em derradeiras contas – os "donos do dinheiro". O espaço para o exercício do "jornalismo honesto" é cada vez mais restrito.

As consequências dessa dominação não são triviais. A "uniformidade cultural" mencionada por Francisco significa, na verdade, o esmagamento da razão. Ao definir os conteúdos (temas, problemas, questões) e comportamentos, os meios de comunicação representam uma poderosíssima ferramenta de conformação (e deformação) dos espíritos. A reiteração continuada de proposições simplistas e banais transforma os homens em autômatos idiotizados, repetidores de clichês baratos. A visão que os homens têm da economia (a exaltação da austeridade, por exemplo), da política (a demonização da esquerda, por exemplo), das relações internacionais (a condenação sumária das ações de Putin, por exemplo), da justiça (o desejo irracional de punição e vingança, por exemplo) é – entre tantas dimensões – fortemente condicionada pela estratégia dos grandes meios de comunicação. Aqui também se trata de uma "ditadura sutil" já que os conteúdos são veiculados sob o manto de uma suposta neutralidade e de um duvidoso "dever de informar". Hoje o "bom jornalista" – assim como o "bom político", "o bom economista" ou o "bom artista" – não é aquele que é fiel a seus princípios e a seu talento, mas aquele que se ajusta docilmente às diretrizes previamente estabelecidas pela direção dos grandes meios de comunicação.

Não, o Papa não é contrário à liberdade de imprensa. O Papa é contrário à "concentração monopolista dos meios de comunicação social".

SERÁ O PAPA UM INIMIGO DA AUSTERIDADE?

O "colonialismo ideológico" imposto pelos meios de comunicação proclama, entre tantas banalidades, as virtudes da "austeridade". Já para o Papa, não resta dúvida que "a imposição de medidas de austeridade [...] sempre aperta o cinto dos trabalhadores e dos pobres".

Preliminarmente, convém esclarecer alguns pontos.

A exaltação da "austeridade" tem raiz na recorrente confusão entre a lógica da economia doméstica e a lógica da economia capitalista. Uma família, desde logo, não deve gastar mais do que ganha, caso contrário as consequências certamente serão desastrosas. No que diz respeito ao conjunto da economia, quão maior for o gasto, maior será a renda: quanto mais se investir e se consumir, maior será a renda. Assim, enquanto para as famílias parte-se da renda para se determinar o gasto, para o conjunto da economia parte-se do gasto para se determinar a renda. Os economistas Keynes e o polonês Michal Kalecki sempre insistiram neste ponto: na economia capitalista são as decisões de gasto que comandam a formação da renda, e não o contrário.

AS IDEIAS E OS FATOS

Em relação às contas públicas, o comportamento da receita é eminentemente pró-cíclico: quando se expande a renda da comunidade também cresce a receita pública. Inversamente, quando cai a renda da comunidade cai também a receita pública. Por essa razão, nas conjunturas de recessão, o déficit público tende a aumentar: não só as receitas deixam de crescer, mas, ademais, as despesas tendem a se elevar.

Pois bem, propor a "austeridade" em uma conjuntura recessiva é um suicídio: cortar os gastos públicos em um contexto de queda do nível de atividades significa apenas dar mais alento à recessão. O exemplo clássico é o de Brüning, na Alemanha (março de 1930 a maio de 1932), que por meio de uma política draconiana de cortes, transformou uma recessão preocupante em uma depressão selvagem, o que facilitou a ascensão dos nazistas ao poder. Keynes junto do economista sueco Gunnar Myrdal sugeriram – corretamente – que nas conjunturas de alta os governos deveriam buscar o superávit em suas contas (de modo a moderar o impacto da expansão), ao passo que nas conjunturas de baixa deveriam permitir e até induzir o déficit público (de modo a moderar o impacto da recessão). Em poucas palavras, ao contrário do que ocorre com as famílias, na recessão os governos devem ampliar, e não cortar os gastos.

A banalidade difundida pelos meios de comunicação insiste em associar o gasto público ao desperdício, ao nepotismo e à corrupção. É verdade: existe desperdício, existe nepotismo, existe corrupção, e esses males devem ser sistematicamente combatidos. Esses males não são exclusivos do setor público (eles também existem no setor privado) e não é em virtude de sua existência que se deve advogar a permanente redução do dispêndio público. Como melhorar a educação, a saúde e a segurança, como proteger o meio ambiente, como ampliar a infraestrutura e a oferta de habitações populares sem, ao mesmo tempo, aumentar o gasto público? A cruzada conservadora contra o gasto público simplesmente desconsidera essas questões. A qualidade do gasto público deve ser permanentemente aprimorada por meio de atualização e modernização dos mecanismos de gestão e controle de produtividade. Essa necessidade em nada se confunde com a apologia simplista dos cortes indiscriminados.

Na verdade, a discussão sobre o superávit primário tem como suposto a necessidade de gerar recursos para o pagamento dos encargos da dívida pública. A despesa pública se decompõe, grosso modo, em quatro grandes itens: pessoal, custeio, investimento e dívida. As propostas de "austeridade" sempre visam a contenção ou redução dos três primeiros itens em favor do quarto: os gastos com pessoal, custeio e investimento devem ser limitados, de modo a liberar recursos para o pagamento dos encargos da dívida. Estes últimos serão tão maiores quão maior for a taxa de juros. É um esforço inglório – e injusto! – conter os "gastos primários" (pessoal, custeio e investimento) quando, ao mesmo tempo, elevam-se as taxas de juros. A correta gestão dos orçamentos públicos pressupõe a busca da eficácia na arrecadação e na administração da despesa, o que não significa a adesão irrefletida aos programas de "austeridade".

O Papa é, sim, contrário à "austeridade" enquanto norma cega da política fiscal: são os "trabalhadores e os pobres" as suas principais vítimas!

SERÁ O PAPA CONTRÁRIO À LIBERDADE INDIVIDUAL?

Em seu discurso, Francisco fez uma referência pontual, porém precisa, à "insatisfação e à tristeza individualista que escraviza". Esta é, sem dúvida, uma deplorável marca do convívio social contemporâneo. Os homens vivem em permanente ansiedade, premidos pela competição frenética ou pela busca desesperada da sobrevivência. Os afortunados, no afã de multiplicar seus recursos, vivem permanentemente obcecados à procura de novas oportunidades de ganho. Os remediados, ansiosos por se tornarem afortunados, não medem esforços para galgar na escala social e usufruir os bens e serviços que estão à disposição dos ricos. É a escravidão do *love of money*! Os deserdados – a imensa maioria das populações – lutam contra todas as adversidades no intuito de alcançar condições minimamente dignas de sobrevivência. Nem sempre são bem-sucedidos!

AS IDEIAS E OS FATOS

Um olhar retrospectivo mostra que no pós-guerra (até meados dos anos 1970) houve uma substancial melhoria da distribuição de renda nos países capitalistas centrais. A taxa de desemprego era extremamente reduzida, os salários reais cresciam paralelamente à elevação da produtividade, a tributação era mais justa, a rede de proteção social do Welfare State oferecia garantias aos indivíduos da infância à velhice, os ganhos especulativos eram limitados e existia um compromisso explícito dos governos com o bem-estar das populações. Na verdade, havia um consenso político fundado na convicção de que era essencial sepultar os dramas dos anos de depressão e buscar esquecer os horrores da guerra. Havia, é óbvio, contradições e conflitos, mas esses se davam no âmbito de um contexto em que as normas de cooperação e solidariedade se sobrepunham aos interesses particularistas e às tendências desagregadoras. Também nos países da periferia o processo de industrialização fez-se acompanhar da inquestionável elevação do padrão de vida das populações.

A principal consequência das atribulações dos anos 1970 é que as referidas normas de cooperação e solidariedade foram abandonadas. O capital abraçou-se a seu conceito, as regulamentações foram indiscriminada e progressivamente extintas, os sindicatos foram fragilizados, o Estado foi estigmatizado e os homens mais uma vez se viram lançados ao moinho impiedoso da concorrência. As finanças libertaram-se dos grilhões do Estado e passaram a comandar o destino das nações. As crises se multiplicaram, o desemprego se elevou e as condições de vida se degradaram. Reintroduziu-se a voracidade darwinista no interior das sociedades e, na "guerra de todos contra todos", o egoísmo individualista se consagrou como o padrão estabelecido de conduta. Houve uma regressão civilizatória evidente, em que o individualismo (a desconsideração pelo próximo), somado ao ressentimento (a frustração pela riqueza não alcançada) e à ignorância (a desinformação promovida pelos grandes meios de comunicação) produziu uma legião de "ogros urbanos" preocupados apenas com o "seu" carro, o "seu" corpo, o "seu" dinheiro, o "seu" sucesso, o "seu" prazer etc. A delicadeza, a gratidão e a solidariedade são cada vez mais corpos estranhos nas sociedades contemporâneas.

Não, o Papa não é contrário à liberdade individual! Ele é, sim, contrário ao indivíduo embrutecido, que perdeu a capacidade de amar o próximo.

SERÁ O PAPA UM SUBVERSIVO?

O Papa não usa meias palavras: "Queremos uma mudança, uma mudança real, uma mudança de estruturas. [...] A nossa fé é revolucionária, porque a nossa fé desafia a tirania do ídolo dinheiro".

Pretender uma "mudança de estruturas" que desafie e derrote "a tirania do ídolo dinheiro" é, sem dúvida, uma tarefa dificílima, que tropeça com obstáculos hoje praticamente intransponíveis. Segundo Francisco, essa pretensão não é uma utopia e tampouco uma fantasia. O Papa, desde logo, busca tal mudança por meio da persuasão, da demonstração de evidências e do convencimento dos espíritos (à maneira de Keynes). Conta, para tanto, com sua enorme autoridade moral.

Contudo, para que haja uma efetiva "mudança de estruturas" é necessária uma correlação adequada de forças políticas em âmbito mundial. Tal correlação não se vislumbra no horizonte próximo. Após a violência da crise de 2007-2008, seria previsível que se produzissem transformações significativas no *modus operandi* do capitalismo. Isso infelizmente não ocorreu. As finanças desregulamentadas continuam a ditar as regras da economia mundial e as crises são invariavelmente atribuídas à irresponsabilidade dos governos (e não das próprias finanças)! Nos Estados Unidos, a força dos republicanos é inquestionável; na Alemanha, a postura de Angela Merkel em nada se assemelha a um desejo sequer remoto por mudanças; na França, as propostas tansformadoras foram contidas pelo avanço da direita liberal; na Inglaterra, as políticas dos conservadores são notoriamente retrógradas; na China, a preocupação de Xi Jinping é a de consolidar as conquistas econômicas recentes e avançar nos mercados mundiais; na Rússia, as ações de Putin têm por objetivo neutralizar as investidas da Otan. Quais forças políticas poderiam ensejar uma "mudança de estruturas" real?

Nesse quadro, o Papa é, sim, um subversivo. Sua "fé revolucionária" representa um alento para todos que o respeitam e a esperança, ainda que remota, de um mundo melhor.

REFERÊNCIAS

ALMEIDA MELLO, L.I. John Locke e o individualismo liberal. In F. WEFFORT (Org.). *Clássicos da política*. São Paulo: Ática, 1997.

ARNDT, H. W. *The Economic Lessons of the Nineteen-Thirties*. Londres: Frank Cass and Company Limited, 1972.

BARROSO, A.S.; SOARES, R. (Orgs.). *A grande crise capitalista global 2007-2013*: gênese, conexões e tendências. São Paulo: Anita Garibaldi/Fundação Maurício Grabois, 2013.

BARBOSA DE OLIVEIRA, C.A. *Processo de industrialização*: do capitalismo originário ao atrasado. São Paulo: Unesp, 2002.

BARKAI, A. *Nazi Economics*: Ideology, Theory and Policy. Nova Haven and Londres: Yale University Press, 1990.

BBC. *O século do povo* [Documentário sobre o século XX]. Edição portuguesa de *People's Century 20th*. BBC Worldwide Ltd., 1997.

BELL, P. M. H. *The World Since 1945* – An International History. Londres: Arnold Publishers, 2001.

BELLUZZO, L. G. M. *Valor e capitalismo*: um ensaio sobre a economia política. São Paulo: Brasiliense, 1980.

_____. *Os antecedentes da tormenta*: origens da crise global. São Paulo; Campinas: Unesp; Edições Facamp, 2009.

_____. Salve-se quem puder. *Carta Capital*, São Paulo, 30 nov. 2011.

_____. Sem fim e sem rumo. In *Carta Capital*, São Paulo, 9 maio 2012.

_____.A (des) constituição de 2015. *Carta Capital*, São Paulo, 19 ago. 2015.

BELLUZZO, L. G. M.; ALMEIDA, J. S. G. A indústria brasileira e as cadeias globais. *Carta Capital*, São Paulo, 27 fev. 2013.

BERMAN, S. *The Primacy of Politics – Social Democracy and the Making of Europe's Twentieth Century*. Cambridge: Cambridge University Press, 2006.

BIDERMAN, C.; COZAC, L.F.L.; REGO, J.M. *Conversas com economistas brasileiros*. São Paulo: Editora 34, 1996.

BIVEN, W.C. *Jimmy Carter's Economy – Policy in an Age of Limits*. Chapel Hill & Londres: The University of North Carolina Press, 2002.

BLEANEY, M. *The Rise and Fall of Keynesian Economics*. Nova York: St. Martin's Press, 1985.

BLINDER, A.S., *Economic Policy and the Great Stagflation*. Nova York & Londres: Academic Press Inc., 1981.

CANUTO, O. O equilíbrio geral de Walras. In: CARNEIRO, R. (Org.). *Os clássicos da economia*. São Paulo: Ática, 1997.

CAPORALE MADI, M.A. Estabilidade com regras monetárias: Milton Friedman. In: CARNEIRO, R. (Org.). *Os clássicos da economia*. São Paulo: Ática, 1997.

CLARK, C. M.A. *Economic Theory and Natural Philosophy – The Search for the Natural Laws of the Economy*. Edward Elgar, 1992.

CLIFFE LESLIE, T. E. "The Political Economy of Adam Smith". *Methodology of Economics: 19th Century British Contributions*, Routledge/Thoemmes Press, 1997, v.5, Historical Economics: 1870-1907.

COLEMAN, W. O. *Rationalism and Anti-Rationalism in the Origins of Economics*: The Philosophical Roots of 18th Century Economic Thought. Edward Elgar, 1995.

CONGRESSO NORTE-AMERICANO. *The Financial Crisis Inquiry Report* – Final Report of the National Commission on the Causes of the Financial and Economic Crisis in the United States. Nova York: Public Affairs, 2011.

DEFOE, D. *As aventuras de Robinson Crusoé*. Porto Alegre: L&PM Editores, 1996.

DOSTALER, G. *Keynes et ses Combats*. Paris: Albin Michel, 2005.

_____. *Keynes and his Battles*. Cheltenham [UK] and Northampton [EUA]: Edward Elgar, 2007.

DUMONT, L. *Homo Aequalis*. Paris: Gallimard, 1985. [Edição em língua portuguesa: Bauru: Edusc, 2000]

ECONOMIC REPORT OF THE PRESIDENT. Washington: United States Government Printing Office, 1973; 1975; 1976; 1990; 2010.

FERGUSON, C. *Inside Job* [Documentário sobre a crise de 2007-2008. Versão legendada em língua portuguesa com o título *Trabalho interno*].

AS IDEIAS E OS FATOS

FERREIRA, A. N. *Teoria econômica e desemprego involuntário*. São Paulo: FEA--USP, 1997 (mimeo).

FITZGERALD, F. S. *O grande Gatsby*. São Paulo: Folha de S.Paulo, 2003.

FMI. Disponível em: <http://www.imf.org/external/pubs/ft/weo/2011/02/weodata/weoselgr.aspx>. Acesso em: 19 abr. 2017.

FOLLETT, K. *Queda de gigantes*. Rio de Janeiro: Sextante, 2010.

FONTANA, J. *Por el bien del imperio*: una historia del mundo desde 1945. Barcelona: Pasado y Presente, 2011.

GIOVANNI, G.; NOGUEIRA, M.A. (Orgs.) *Dicionário de políticas públicas*. São Paulo: Fundap; Imprensa Oficial do Estado, 2013.

GOUREVITCH, P. *Politics in Hard Times*: Comparative Responses to International Economic Crises. Ithaca: Cornell University Press, 1986.

HOBSBAWM, E. *Era dos extremos*: o breve século XX: 1914-1991. São Paulo: Companhia das Letras, 1995.

HOBSON, J.A. *A evolução do capitalismo moderno*. São Paulo: Abril Cultural, 1983.

JEVONS, S. *A teoria da economia política*. São Paulo: Abril Cultural, 1983.

_____. The Future of Political Economy. In *Methodology of Economics*: 19th Century British Contributions, Routledge/Thoemmes Press, 1997, v.6, *Theoretical Economists: 1874-1914*.

JONUNG, L. The Depression in Sweden and the United States: A Comparison of Causes and Policies. In: BRUNNER, K. (Ed.). *The Great Depression Revisited*. Boston: Martinus Nijhoff Publishing, 1981.

JUDT, T. *O mal ronda a Terra*. São Paulo: Objetiva, 2011.

_____. *Pós-guerra*: história da Europa desde 1945. Lisboa: Edições 70, 2005.

KALECKI, M. Por que a economia ainda não é uma ciência exata? In: MIGLIOLI, J. (Org.). *Kalecki*. São Paulo: Ática, 1980.

KEMP, T. *The French Economy 1913-39*: The History of a Decline. Londres: Longman, 1972.

KEYNES, J. M. *Las consecuencias económicas de La Paz* (1919). Barcelona: Editorial Crítica, 1987.

_____. *Ensayos de persuasión*. Barcelona: Editorial Crítica, 1988.

_____. El fin del 'laissez-faire'. In *Ensayos de Persuasión*, 1926.

_____. A teoria geral do emprego (1937). In: SZMRECSÁNYI, T. (Org.). *Keynes*. São Paulo: Ática, 1978.

KUNTZ, R. *Capitalismo e natureza*: ensaio sobre os fundadores da economia política. São Paulo: Brasiliense, 1982.

LESLIE, T. E. C. The Political Economy of Adam Smith. In: *Methodology of Economics*: 19th Century British Contributions. Routledge/Thoemmes Press, 1997, v.5, Historical Economics: 1870-1907.

LAQUEUR, W. *Europe Since Hitler:* The Rebirth of Europe. Penguin Books, 1972.

LOACH, K. *The Spirit of '45*, 2013 [Documentário sobre a vitória dos trabalhistas na Inglaterra em 1945.Versão legendada em língua portuguesa com o título *Espírito Britânico de 45*].

LOWE, K. *Savage Continent* – Europe in the Aftermath of World War II. Nova York: St. Martin's Press, 2012.

LYNCH, M. *Britain 1945-2007.* Londres: Hodder Education, 2008.

MACARINI. J. P. *Crise e política econômica nos Estados Unidos:* 1977-1984. Campinas: Unicamp, 2007.

MADDISON, A. *Dynamic Forces in Capitalist Development:* A Long-Run Comparative View. Nova York: Oxford University Press, 1991.

_____. *Monitoring the World Economy 1820-1992.* Paris: OECD, 2000.

MARX, K. *Elementos fundamentales para la crítica de la economía política (Grundrisse).* México: Siglo XXI, 1973.

MATUSOW, A. J. *Nixon's Economy:* Booms, Bursts, Dollars, and Votes. Lawrence: University Press of Kansas, 1998.

MAZZUCCHELLI, F. *A contradição em processo:* o capitalismo e suas crises. São Paulo: Brasiliense, 1985.

_____. A crise em perspectiva: 1929 e 2008. *Revista Novos Estudos Cebrap,* São Paulo, n. 82, nov. 2008.

_____. *Os anos de chumbo:* economia e política internacional no entreguerras. São Paulo, Campinas: Unesp; Facamp, 2009.

_____. *Os dias de sol:* a trajetória do capitalismo no pós-guerra. Campinas: Facamp, 2013.

MINSKY, H. P. *Stabilizing an Unstable Economy.* Nova Haven; Londres: Yale University Press, 1986.

MITCHELL, B. R. *International Historical Statistics:* Europe 1759-1988. Nova York: M. Stockton Press, 1992.

MODIGLIANI, F. Liquidity preference and the theory of interest and money. In: WILLIAMS, H. R.; HUFFNAGLE, J. D. (Orgs.). *Macroeconomic Theory:* Selected Readings. Nova York: Meredith Corporation, 1969.

MUSEU HISTÓRICO ALEMÃO. Disponível em: <www.dhm.de>. Acesso em: 19 abr. 2017.

NOVAIS, F. A. *Aproximações:* estudos de história e historiografia. São Paulo: Cosac & Naify, 2005.

OVERY, R. J. *The Inter-War Crisis 1919-1939.* Londres; Nova York: Longman, 1995.

_____. *The Nazi Economic Recovery 1932-1938.* Cambridge: Cambridge University Press, 1972.

AS IDEIAS E OS FATOS

PADURA, L. O quarto poder? *Folha de S.Paulo*, São Paulo, 15 ago. 2015, p.C10.

PATINKIN, D. Flexibilidad de precios y pleno empleo. In: MUELLER, M. G. (Org.). *Lecturas de macroeconomía*. Barcelona: Continental, 1971.

PHILIPS, S. *The Cold War*. Essex: Heinemann [Pearson Education Limited], 2001.

POSSAS, M. L. *Dinâmica e ciclo econômico em oligopólio*. Campinas: Unicamp, 1983 (mimeo). Publicado parcialmente com o título *A dinâmica da economia capitalista*: uma abordagem teórica. São Paulo: Brasilense, 1987.

POSSAS, M. L.; BALTAR, P. E. A. Demanda efetiva e dinâmica em Kalecki. Campinas: Unicamp, 1981 (mimeo). Publicado parcialmente em *Pesquisa e planejamento econômico*, v.2, abr. 1981.

REMARQUE, E. M. *Nada de novo no front*. Porto Alegre: L&PM, 2004.

ROSDOLSKI, R. *Génesis y estructura de El Capital de Marx (Estudios sobre los Grundrisse)*. Buenos Aires: Siglo Veintiuno Editores, 1978.

ROTH, P. *Complô contra a América*. São Paulo: Companhia das Letras, 2005.

SCHUMPETER, J. A. *Historia del análisis económico*. Barcelona: Ariel, 1971.

_____. *Capitalismo, socialismo y democracia*. Barcelona: Folio, 1984.

SCREPANTI, E.; ZAMAGNI, S. *An Outline of the History of Economic Thought*. Clarendon Press: Oxford, 1995.

SENIOR, W. N. An Introductory Lecture on Political Economy, delivered before the University of Oxford on the 6th of December 1826. In: *Methodology of Economics:* 19th Century British Contributions. Routledge; Thoemmes Press, 1997a, v.4, Classical Economics: 1827-1860.

_____. Outline of the Science of Political Economy, 1836. In *Methodology of Economics:* 19th Century British Contributions. Routledge; Thoemmes Press, 1997b, v.5, Historical Economics: 1870-1907.

SKIDELSKI, R. *Keynes*: o regresso do mestre. Alfragide [Portugal]: Texto Editores, 2010.

SMITH, A. *La riqueza de las naciones*. México-Buenos Aires: Fondo de Cultura Económica, 1958.

STEIN, H. *Presidential Economics*: The Making of Economic Policy from Roosevelt to Clinton. Washington: AEI Press, 1994.

TAVARES, M. C. Natureza e contradições do desenvolvimento financeiro recente. In: _____. *Da substituição de importações ao capitalismo financeiro*. Rio de Janeiro: Zahar, 1972.

_____. *Ciclo e crise*: o movimento recente da industrialização brasileira. Rio de Janeiro: UFRJ, 1978 (mimeo). Publicado em Campinas: Unicamp/Instituto de Economia, 1998.

_____. Apresentação. In: HOBSON, J. A. *A evolução do capitalismo moderno*. São Paulo: Abril, 1983.

TAVARES, M.C.; BELLUZZO, L. G. M. Capital financeiro e empresa multinacional. *Revista Temas de Ciências Humanas*, n. 9, 1980. Republicado em: BELLUZZO, L. G. M. *Os antecedentes da tormenta*: origens da crise global. São Paulo; Campinas: Unesp; Facamp, 2009.

_____. Ainda a controvérsia da demanda efetiva: uma pequena intervenção. *Revista de Economia Política*, São Paulo, n. 3, v. 1, jul./set. 1981.

VALOR. Aperto no crédito continua e dizima PMEs na Espanha. São Paulo, 4 abr. 2013.

WALRAS, L. *Compêndio dos elementos de economia política pura*. São Paulo: Abril, 1983.

SOBRE O LIVRO

FORMATO
14 X 21 CM

MANCHA
23,7 X 41,6 PAICAS

TIPOLOGIA
BEMBO 11/14

PAPEL
OFF-WHITE 80G/M² (MIOLO)
CARTÃO SUPREMO 250 G/M² (CAPA)

1ª EDIÇÃO
EDITORA UNESP 2017

EQUIPE DE REALIZAÇÃO

COORDENAÇÃO GERAL
MARCOS KEITH TAKAHASHI

EDIÇÃO DE TEXTO
GRÃO EDITORIAL

PROJETO GRÁFICO
GRÃO EDITORIAL

CAPA
AUGUSTO LINS SOARES

FOTO DE CAPA
JEFF GRIFFIN / EYEEM

EDITORAÇÃO ELETRÔNICA
SERGIO GZESCHNIK

Impressão e Acabamento

assahi
gráfica e editora ltda.